Todos los libros de Linkgua Ediciones cuentan con modelos de Inteligencia Artificial entrenados por hispanistas. Pregúntale al chat de tu libro lo que desees acerca de la obra o su autor/a.

Para ebooks: Accede a nuestro modelo de IA a través de este enlace.

Para libros impresos: Escanea el código QR de la portada con tu dispositivo móvil.

Obtén análisis detallados de nuestros libros, resúmenes, respuestas a tus preguntas y accede a nuestras ediciones críticas generativas para una experiencia de lectura más enriquecedora.
La transparencia y el respeto hacia la autoría de las fuentes utilizadas son distintivos básicos de nuestro proyecto. Por ello, las respuestas ofrecen, mediante un sistema de citas, las fuentes con las que han sido elaboradas.

Autores Varios

Constitución de Guatemala de 1825

Barcelona 2024
Linkgua-ediciones.com

Créditos

Título original: Constituciones Fundacionales de Guatemala.

© 2024, Red ediciones S.L.

e-mail: info@linkgua.com

Diseño de cubierta: Michel Mallard.

ISBN rústica ilustrada: 978-84-9953-369-8.
ISBN tapa dura: 978-84-1126-019-0.
ISBN ebook: 978-84-9897-165-1.

Sumario

Primera Constitución de 1825

(11 de octubre de 1825)
Los representantes del pueblo de Guatemala congregados en Asamblea, autorizados plena y legalmente por nuestros comitentes, y por el pacto de la confederación Centroamérica, para dar la ley fundamental que debe regir al Estado, asegurarle en sus derechos, y afianzar los del hombre y del ciudadano, decretamos y sancionamos lo siguiente:

Título I. Del Estado, sus derechos, garantías particulares, y del territorio

Sección primera. Del Estado y sus derechos

Artículo 1. El Estado conservará la denominación de Estado de Guatemala.

Artículo 2. Forman el Estado los pueblos de Guatemala reunidos en un solo cuerpo.

Artículo 3. El Estado de Guatemala es soberano, independiente y libre en su gobierno y administración interior.

Artículo 4. Limita estos derechos el pacto de unión que celebraron los Estados libres de Centroamérica en la Constitución federativa de 22 de noviembre de 1824; pero corresponde al Estado de Guatemala todo el poder que por la misma Constitución no estuviere conferido a las autoridades federales.

Artículo 5. Ningún individuo, ninguna reunión parcial de ciudadanos, ninguna fracción del pueblo puede atribuirse la soberanía, que reside en la universalidad de los ciudadanos del Estado.

Artículo 6. Los funcionarios investidos de la autoridad legislativa, ejecutiva y judiciaria, son dependientes del Estado y responsables a él en los términos que prescribe la Constitución.

Artículo 7. Ninguna autoridad del Estado es superior a la ley; por ella ordenan, juzgan y gobiernan las autoridades, y por ella se debe a los funcionarios respeto y obediencia.

Artículo 8. Delegando el Estado el ejercicio de los poderes legislativo, ejecutivo y judiciario, conserva la facultad de nombrar constitucionalmente sus funcionarios.

Artículo 9. Ningún oficio público es venal ni hereditario.

Artículo 10. El Estado no reconoce condecoraciones, ni distintivos hereditarios; tampoco admite vinculaciones.

Artículo 11. El Estado de Guatemala es y será uno de los que componen la Federación de Centroamérica, y está obligado a observar religiosamente el pacto de la Federación.

Artículo 12. Concurre al nombramiento de las autoridades de la Federación, a los gastos de la administración federal, a la defensa de la República, y, por medio de sus representantes, a la formación de las leyes federales.

Artículo 13. No es obligatoria al Estado ninguna ley que exceda los límites que para mantener la Federación ha fijado a las autoridades federales la Constitución de la República.

Artículo 14. Ninguno puede ejercer autoridad en nombre del Estado, ni llenar ninguna función pública sin estar autorizado por la ley.

Artículo 15. La fuerza pública es instituida para la seguridad común, y no para utilidad de los funcionarios a quienes se confía.

Artículo 16. El Estado es un asilo sagrado para todo extranjero, y también la patria de todo el que quiera residir en su territorio, radicándose en él con arreglo a las leyes.

Artículo 17. La Policía de seguridad no podrá ser confiada sino a las autoridades civiles, en la forma que la ley determine.

Artículo 18. Ninguna población podrá ser desarmada, ni despojarse a ninguna persona de las armas que tenga en su casa, ni de las que lleve lícitamente.

Artículo 19. No podrá impedirse ninguna reunión popular que tenga por objeto algún placer honesto o discutir sobre política, y examinar la conducta pública de los funcionarios.

Sección segunda. Derechos particulares de los habitantes

Artículo 20. Los derechos del hombre en sociedad son la libertad, la igualdad, la seguridad y la propiedad.

Artículo 21. Todo hombre es libre en el Estado; nadie puede venderse ni ser vendido.

Artículo 22. No existen las distinciones sociales sino para la utilidad común; no hay entre los ciudadanos otra superioridad legal que la de los funcionarios públicos en el ejercicio de sus funciones, ni otra distinción que la de las virtudes y los talentos.

Artículo 23. Todos los ciudadanos son admisibles a los empleos públicos.

Artículo 24. Todos los habitantes del Estado están obligados a obedecer y respetar la ley, que es igual para todos, ya premie, ya castigue: a servir a la patria, o defenderla con las armas, y contribuir proporcionalmente a los gastos públicos, sin exención ni privilegio alguno.

Artículo 25. A nadie puede impedirse la libertad de decir, escribir, imprimir y publicar sus pensamientos, sin que puedan sujetarse en ningún caso, ni por pretexto alguno, y examen ni censura.

Artículo 26. Ninguno está obligado a hacer lo que la ley no ordena, ni puede impedírsele lo que no prohíbe.

Artículo 27. Las acciones privadas que no hieren el orden, la moralidad ni la decencia pública, ni producen perjuicio de tercero, están fuera de la jurisdicción de los magistrados.

Artículo 28. Todos los habitantes del Estado deben ser protegidos en el goce de su vida, de su reputación, de su libertad, seguridad y propiedad. Ninguno debe ser privado de estos derechos sino en los casos prevenidos por la ley, y con las formalidades legales.

Artículo 29. Todo habitante libre de responsabilidad puede trasladarse a un país extranjero, y volver al Estado cuando le convenga.

Artículo 30. Todos los ciudadanos tienen derecho para dirigir sus peticiones a las autoridades públicas, en la forma que arreglen las leyes el ejercicio del derecho de petición.

Artículo 31. La Constitución garantiza la inviolabilidad de todas las propiedades, el uso libre de los bienes de todos los habitantes y corporaciones, y la justa indemnización de aquellas cuyo sacrificio exija con grave urgencia la necesidad pública, legal y previamente justificada, garantizándose también previamente.

Artículo 32. La casa de un ciudadano es un asilo sagrado que no puede ser violado sin crimen, fuera de los casos prevenidos por la Constitución, y con las formalidades ordenadas en ella.

Artículo 33. Ningún habitante puede ser acusado, arrestado ni detenido, sino en los casos determinados por la Constitución y en la forma que ella prescribe.

Artículo 34. Ninguno puede ser castigado sino en virtud de una ley establecida y publicada antes de cometerse el delito, y sin que se haya aplicado legalmente.

Sección tercera. Del territorio

Artículo 35. El territorio del Estado comprende: al norte, todos los pueblos de los partidos de Chiquimula, con Izabal, y el Castillo de San Felipe, en el Golfo Dulce, Verapaz y el Petén; al sur, los del antiguo gobierno de Soconusco incorporado al Estado, los de los partidos de Suchitepéquez, Sonsonete, Escuintla y Guazacapán; y en el centro, los de los partidos de Quezaltenango, Güegüetenango y Totonicapán, Sololá, Chimaltenango, Sacatepéquez, y la nueva Guatemala, capital del Estado.

Artículo 36. Hasta que con arreglo al Artículo 7 de la Constitución federativa se haya practicado la demarcación del territorio de los Estados, o se declare constitucionalmente a cuál de ellos pertenece el partido de Sonsonate, se observará lo dispuesto en el decreto de la Asamblea Nacional Constituyente de 5 de mayo de 1824.

Artículo 37. El territorio del Estado se dividirá en siete departamentos, los departamentos en distritos, y los distritos en municipalidades.

Artículo 38. Una ley constitucional hará la división del territorio del Estado, después de practicada la división territorial de la República.

Título II. Del gobierno. De la religión. Estado político de los ciudadanos

Sección primera. Del gobierno y de la religión

Artículo 39. El gobierno del Estado es republicano, popular, representativo.

Artículo 40. Los representantes componen los cuerpos legislativo y moderador.

Artículo 41. El poder legislativo está delegado a una Asamblea compuesta de representantes libremente electos por el pueblo, y le ejerce con la sanción del cuerpo moderador, también electo por el pueblo.

Artículo 42. El poder ejecutivo está delegado a un Jefe de nombramiento popular.

Artículo 43. El poder judiciario, a magistrados electos popularmente.

Artículo 44. Ningún magistrado, ni representante, es perpetuo; la Constitución señala las épocas en que unos y otros deben renovarse.

Artículo 45. La religión del Estado es la católica, apostólica, romana, con exclusión del ejercicio público de cualquiera otra.

Sección segunda. Estado político de los ciudadanos
Artículo 46. Son ciudadanos:

1. Todos los habitantes del Estado, naturales o naturalizados en cualquiera de los otros Estados de la Federación que fueren casados o mayores de dieciocho años, siempre que ejerzan alguna profesión útil, o tengan medios conocidos de subsistencia.

2. Los extranjeros que hubieren obtenido del Congreso federal Carta de naturaleza, por cualquiera de los motivos que expresa el Artículo 15 de la Constitución federativa.

3. Los hijos de ciudadanos nacidos en país extranjero, con arreglo al Artículo 16 de la misma Constitución.

4. Los naturales de cualquiera de las repúblicas de América que vinieren a radicarse al Estado, desde el momento que manifiesten su designio a la autoridad respectiva, con arreglo al Artículo 18.

5. Los españoles, y cualesquiera extranjeros que estaban radicados en la República al proclamar su independencia, y que la hubieren jurado.

6. Los ciudadanos de los otros Estados de la Federación tienen expedito en el de Guatemala el ejercicio de sus derechos.

Artículo 47. Pierden la calidad de ciudadanos:

1. Los que admitieren de un gobierno extranjero empleos, pensiones, distintivos o títulos hereditarios o personales, sin licencia del Congreso federal.

2. Los sentenciados por delitos que, según la ley, merezcan pena más que correccional, si no obtuvieren rehabilitación.

3. Los que trafiquen en esclavos, si tampoco obtuvieren rehabilitación.

Artículo 48. Se suspende el ejercicio de los derechos de ciudadano:

1. Por proceso criminal en que se haya proveído auto de prisión, por delito que según la ley merezca pena más que correccional.

2. Por ser deudor fraudulento declarado, o deudor a las rentas públicas y judicialmente requerido de pago.

3. Por conducta notoriamente viciada.

4. Por incapacidad física o moral, judicialmente calificada.

5. Por el estado de sirviente doméstico cerca de la persona.

6. Por no tener medios honestos y conocidos de subsistencia.

Artículo 49. Solo los ciudadanos en ejercicio pueden obtener oficios en el Estado y sufragar en las elecciones populares.

Título III. De las elecciones de las supremas autoridades del Estado

Sección primera. Disposiciones generales

Artículo 50. Para el nombramiento de los representantes, jefes del Estado, consejeros o individuos de la Corte Superior de Justicia, se celebrarán juntas populares, de distrito y de departamento.

Artículo 51. Las Juntas populares se compondrán de ciudadanos en el ejercicio de sus derechos; las Juntas de distrito, de los electores primarios, y las Juntas de Departamento, de los electores de distrito.

Artículo 52. Estas juntas serán las mismas, y se celebrarán en los días que señala la Constitución Federal de la República para las elecciones de las supremas autoridades federales.

Artículo 53. Toda Junta electoral será organizada por un Directorio, compuesto de un presidente, dos escrutadores y dos secretarios elegidos por ella misma.

Artículo 54. Las acusaciones sobre cohecho o soborno en los sufragantes, hechas en el acto de la elección, serán determinadas por el Directorio de la manera y para el efecto que expresa el Artículo 26 de la Constitución federativa. En lo demás serán seguidos y determinados estos juicios en los tribunales comunes.

Artículo 55. Los recursos y reclamos sobre nulidad en las elecciones de los representantes a la Asamblea y demás autoridades del Estado, serán determinados definitivamente por la misma Asamblea.

Artículo 56. Los que ocurran sobre nulidad en las Juntas populares serán resueltos definitivamente en las Juntas de distrito, y los que se entablen contra éstas, en las de departamento.

Artículo 57. Nadie podrá presentarse armado en las Juntas electorales ni votarse a sí mismo.

Artículo 58. Las juntas no podrán deliberar sino sobre objetos designados por la ley.

Es nulo y de ningún efecto todo acto que esté fuera de su legal intervención.

Sección segunda. Juntas Populares

Artículo 59. Las juntas populares se celebrarán el último domingo de cada año para nombrar un elector primario por cada doscientos cincuenta habitantes; la que tuviere un residuo de ciento veintiséis, nombrará un elector más.

Artículo 60. Todo pueblo, calle, o aldea cuya población ascienda a doscientos cincuenta habitantes, nombrará por sí un elector. Los ciudadanos de aquellos pueblos que tuvieren menor número de habitantes, concurrirán a sufragar en la Junta popular del más inmediato.

Artículo 61. La base mayor de una Junta popular será de dos mil quinientos habitantes.

Artículo 62. Verificada la elección de elector o electores primarios, se les dará por credencial una sola copia certificada del acta de su nombramiento.

Sección tercera. Juntas de Distrito

Artículo 63. El presidente de cada Junta comunicará a los electos su nombramiento; y por conducto de la autoridad política local, dirigirá a la del distrito otra copia, también certificada, del acta de elección.

Artículo 64. La autoridad política de cada distrito, luego que reciba certificaciones, citará a los electores primarios que hubieren sido nombrados dentro de su territorio, para que se reúnan en la cabecera del distrito el segundo domingo del mes de noviembre de cada año.

Artículo 65. Reunidos por lo menos las dos terceras partes de los electores primarios, se formará la Junta de distrito, y procederá a nombrar, por mayoría absoluta de votos, un elector de distrito por cada diez electores primarios de los que corresponden al distrito.

Artículo 66. Concluida la elección, se dará por credencial a los electores una sola copia, certificada por los secretarios, del acta en que conste su nombramiento, y el presidente de la Junta la comunicará a cada uno de los electores; dirigiendo por conducto de la autoridad política al Jefe del departamento otra copia certificada del acta.

Sección cuarta. Juntas de Departamento

Artículo 67. Luego que los Jefes de departamento reciban las certificaciones en que consten los nombramientos de los electores de distrito, les citará para que concurran a la capital del departamento, donde el primer domingo del mes de diciembre de cada año debe celebrarse la Junta.

Artículo 68. Un Departamento constará fijamente de doce electores de distrito por cada representante que haya de nombrar.

Artículo 69. Reunidas por lo menos las dos terceras partes de los electores de distrito, se forma la Junta de departamento, y por mayoría absoluta de votos nombra el representante o representantes que en la Asamblea del Estado corresponden al departamento.

Artículo 70. Esta elección se hará todos los años inmediatamente después que las mismas juntas de departamento hayan elegido a los representantes propietarios y los suplentes para el Congreso federal; pero de las elecciones de diputados para la Asamblea, y de toda elección que hagan las juntas departamentales para los poderes del Estado, se extenderán acta y escrutinio en libro separado.

Artículo 71. Las Juntas de Departamento despacharán por credencial a cada uno de los diputados propietarios y suplentes una copia legalmente autorizada del acta en que conste su nombramiento, y dirigirán otra copia igual al Jefe del departamento, quien la remitirá al Gobierno del Estado para que en su vista cite a los diputados electos, y las pase a la Junta preparatoria el primer día de su reunión.

Artículo 72. En las renovaciones del Presidente, Vicepresidente, individuos de la Suprema Corte de Justicia de la República y senadores del Estado, sufragarán las Juntas de Departamento para la elección de estos funcionarios en la forma que prescribe el Título III de la Constitución federal.

Artículo 73. En las renovaciones del Jefe, Segundo Jefe e individuos de la Corte Superior de Justicia del Estado, en la que disponen los Títulos VII y IX de esta Constitución y en la de los individuos del Consejo representativo, cada Junta de departamento elegirá el que le corresponde con arreglo a los Artículos 115 y 116.

Sección quinta. Bases de representación

Artículo 74. La base para la representación del Estado es la población, o el número total de sus habitantes, naturales o naturalizados, de todos sexos y edades.

Artículo 75. Se elegirá un representante por cada treinta mil almas; el departamento que tuviere un residuo de quince mil, nombrará además otro representante,

Artículo 76. Si en lo sucesivo se formase un nuevo Estado con parte del territorio del de Guatemala, o se aumentase considerablemente la población de éste, las legislaturas venideras podrán alterar esta base, con vista de los datos necesarios, y observando la regla establecida en el Artículo 177 de la Constitución federativa; y para que se tenga por constitucional la alteración, se procederá con las solemnidades prescritas en el Título XIV de la presente.

Título IV. Del Poder Legislativo y sus atribuciones

Sección primera. Organización del Poder Legislativo
Artículo 77. El poder legislativo del Estado reside en una Asamblea de representantes elegidos popularmente y lo ejerce con la sanción del Consejo representativo.

Artículo 78. Cada departamento elige los representantes que le corresponden por su población, y por cada dos representantes propietarios nombrará un suplente. Si un departamento elige tres representantes, solo nombrará dos suplentes; si le cupieren cinco propietarios, nombrará tres suplentes, y si solo le correspondiere un propietario, nombrará también un suplente.

Artículo 79. Los suplentes entrarán a ejercer en los casos de muerte, imposibilidad o falta de los propietarios, a juicio de la Asamblea.

Artículo 80. Para ser representante propietario y suplente se requiere ser ciudadano en ejercicio de sus derechos, mayor de veintitrés años, natural del Estado, o naturalizado, con residencia de cinco años en la República.

Los ciudadanos en ejercicio de los demás Estados de la Federación podrán ser elegidos representantes, con tal que tengan la edad designada y residencia en el Estado al menos de un año anterior a la elección.

Artículo 81. No podrá ser representante ningún empleado de nombramiento del Gobierno federal, ni del de el Estado por el Departamento en que ejerce autoridad.

Artículo 82. Tampoco podrán los representantes, durante el tiempo de sus funciones, ni en el receso de la legislatura, admitir empleos del Gobierno de la Federación, ni ser provistos para destino de nombramiento de Jefe del Estado, a excepción de los de rigurosa escala.

Artículo 83. Los representantes son inviolables por sus opiniones emitidas de palabra o por escrito en el ejercicio de su cargo: no podrá reconvenírseles por ellas en tiempo alguno, ni por ninguna autoridad, y durante las sesiones y un mes después, tampoco podrán ser demandados civilmente, ni ejecutados por deudas.

Artículo 84. La primera vez calificará las elecciones y credenciales de los diputados una Junta preparatoria compuesta de ellos mismos. Se hará esta calificación en lo sucesivo por los representantes que continúan en unión de los nuevos electos.

Artículo 85. Si resultare que alguna elección ha sido nula o viciada, por las Juntas populares, las de distrito o las de departamento no se arreglaron a la Constitución, o por cualquier motivo que las invalide, la Asamblea, sin declarar nada respecto de la validación o nulidad de las autoridades federales podrá mandar que por lo respectivo a las del Estado se proceda a otras elecciones; celebrándose nuevas juntas desde aquella en que se encontró el vicio de la nulidad.

Artículo 86. La Asamblea se renovará cada año por mitad, y los mismos representantes podrán ser reelectos una vez sin intervalo alguno.

Artículo 87. La suerte designará en primera legislatura los representantes que deben salir, y en las siguientes se verificará la renovación en los de nombramiento más antiguo.

Artículo 88. La Asamblea se reunirá todos los años en la capital del Estado el día primero de febrero, y sus sesiones ordinarias durarán tres meses. La primera legislatura podrá prorrogarse por estos cuatro meses; las demás no podrán hacerlo sino por un mes, y con el acuerdo de las dos terceras partes de los diputados presentes.

Artículo 89. En las sesiones extraordinarias se compondrá la Asamblea de los mismos diputados que concurrieron a las ordinarias de aquel año; pero en las extraordinarias solo podrá tratarse sobre el objeto, u objetos para que fue convocada extraordinariamente la Asamblea.

Artículo 90. Si durante las sesiones extraordinarias llegase el día en que deban abrirse las ordinarias de aquel año, se continuará tratando en éstas, ordinariamente el negocio o negocios que motivaron la reunión extraordinaria.

Artículo 91. El reglamento interior del cuerpo legislativo prescribirá las solemnidades con que deban abrirse y cerrarse las sesiones.

Artículo 92. Para toda resolución se necesita la concurrencia de la mayoría absoluta de los representantes, y el acuerdo de la mitad y uno más de los que se hallaren presentes: pero un número menor podrá compeler a los ausentes o concurrir, del modo y bajo las penas que establezca la ley.

Artículo 93. La Asamblea, por el acuerdo de las dos terceras partes de votos, podrá variar el lugar de sus sesiones al punto del Estado que juzgue más conveniente.

Sección segunda. Atribuciones de la Asamblea

Artículo 94. Corresponde a la Asamblea:

1. Proponer y decretar, interpretar y derogar las leyes, ordenanzas y reglamentos que en todos los ramos de la administración pública deben regir en lo interior del Estado.

2. Determinar anualmente el gasto de la administración del Estado y decretar los impuestos y contribuciones de todas clases necesarios para cubrirle, y para llenar el cupo que le corresponda en los gastos generales de la Administración federal; estableciendo las contribuciones públicas, su naturaleza, cantidad, duración y modo de percibirlas.

3. Aprobar el repartimiento que de las contribuciones directas se haga a los departamentos del Estado, según su población y riqueza: velando sobre su inversión, y de la de todos los ingresos públicos de cualquier clase, haciéndose dar cuenta de ellos por el poder ejecutivo.

4. Decretar la creación o supresión de los oficios públicos dotados por la hacienda del Estado, o por los fondos comunes.

5. Permitir o negar la introducción de tropas de otros Estados para guarnición interior del de Guatemala, cuando dichas tropas estén al servicio del gobierno de la Federación o destinados por éste a alguno de los objetos de sus atribuciones, con respecto a la seguridad general de la República.

6. Fijar periódicamente, con acuerdo del Congreso federal, la fuerza permanente, si se necesitase en tiempo de paz crear la milicia activa, la cívica, y levantar toda la que corresponda al Estado en tiempo de guerra.

7. Dar ordenanzas a la fuerza pública del Estado.

8. Arreglar la forma y solemnidades de los juicios, estableciendo el sistema de jurados tan luego como lo permita el progreso de la ilustración y de las costumbres populares.

9. Erigir los establecimientos y corporaciones que fueren necesarios para el mejor orden en justicia, economía, instrucción pública, y en todos los ramos de la administración.

10. Decretar en casos extraordinarios pedidos, préstamos, e impuestos extraordinarios contrayendo deudas sobre el

crédito del Estado; sin comprometer las relaciones exteriores que dirige el gobierno supremo de la Federación.

11. Clasificar, reconocer, y armonizar la deuda pública del Estado.

12. Disponer lo conveniente para la administración, conservación y enajenación de los bienes y fincas del Estado.

13. Conceder amnistía e indultos por aquellos delitos cuyo conocimiento pertenezca exclusivamente a los tribunales del Estado, cuando lo exija la tranquilidad y seguridad pública, y lo solicite el poder ejecutivo: decretándose por las dos terceras partes de votos.

14. Conceder al poder ejecutivo facultades extraordinarias expresamente detalladas, y por un tiempo limitado, en los casos de insurrección o en los de una invasión repentina.

15. Dirigir la educación popular por los principios generales que establezcan las letras de la Federación, promoviendo el progreso de las ciencias, artes y bellas letras.

16. Abrir los caminos y canales de comunicación interior: promover y fomentar toda especie de industria, y remover los obstáculos que la entorpezcan.

17. Conceder privilegios exclusivos por tiempo determinado a los inventores, introductores y empresarios de descubrimientos, establecimientos y obras útiles al progreso de las ciencias, agricultura, comercio y artes; siempre que dichos privilegios no trasciendan ni perjudiquen a los demás Estados de la Unión.

18. Decretar recompensas personales, y honores póstumos a la memoria de los que presten al Estado servicios extraordinarios.

19. Calificar las elecciones de los representantes, Jefe y Segundo jefe, individuos del Consejo, de la Corte Superior de Justicia y senadores del Estado; y admitir por las dos terceras partes de votos las renuncias que hicieren de sus respectivos

cargos a excepción de los senadores que ya se hubiesen posesionado.

20. Hacer el nombramiento de los mismos funcionarios, cuando no resulten electos por los votos populares; y señalar las indemnizaciones y resueltos de que deben gozar; a excepción de los senadores.

21. Declarar cuando ha lugar a formación de causas contra los diputados, individuos del consejo, Jefe y Segundo Jefe del Estado, secretario o secretarios del poder ejecutivo, e individuos de la Corte Superior de Justicia.

Título V. Formación, sanción y promulgación de la ley

Sección primera. Formación de la ley

Artículo 95. Solo los diputados y el poder ejecutivo tienen la facultad de proponer a la Asamblea los proyectos de ley.

Artículo 96. Todo proyecto de ley debe presentarse por escrito, y leerse por dos veces en días diversos antes de resolver si se admite o no a discusión.

Artículo 97. Admitido, pasará a una comisión, que lo examinará detenidamente, y no podrá presentar su dictamen sino después de tres días. El informe que diere tendrá también dos lecturas en días diferentes; y señalado el de su discusión, con el intervalo a lo menos de otros tres, no podrá diferirse más tiempo sin acuerdo de la Asamblea.

Artículo 98. Se exceptúan de las reglas anteriores aquellas disposiciones que se declaren urgentes, y lo sean por su naturaleza, atendida alguna circunstancia o caso particular en que esté amenazada la tranquilidad pública, o peligren la independencia y libertades del Estado, pero en estos casos para admitirse un proyecto de ley, y para decretarse, se requiere la concurrencia de los dos tercios de votos de los diputados presentes.

Artículo 99. No admitido a discusión o desechado un proyecto de ley, no podrá proponerse de nuevo sino hasta el año siguiente.

Artículo 100. Cuando fuera admitido, observadas todas las formalidades que deben preceder a la discusión abrazará ésta el proyecto en su totalidad y en cada uno de sus artículos.

Artículo 101. La Asamblea resolverá cuando se halle la materia suficientemente discutida, y si ha o no lugar a la votación. Decidido que ha lugar, se procederá a ella inmediatamente, aprobando o reprobando en todo o en parte el proyecto o variándole o modificándole según las observaciones hechas en el debate.

Artículo 102. Si se adoptare el proyecto, se extenderá por triplicado en forma de ley o decreto: se leerá en la Asamblea, y firmados los tres originales por el presidente y dos secretarios, se remitirá al consejo representativo.

Sección segunda. Sanción de la ley

Artículo 103. Todas la resoluciones, de la Asamblea dictadas en uso de las atribuciones, exigen para ser válidas la caución del consejo representativo.

Artículo 104. El Consejo dará o negará la sanción por mayoría absoluta de votos, y para darla usará de la fórmula: AL JEFE DEL ESTADO. La negará con esta otra: VUELVA A LA ASAMBLEA.

Artículo 105. Deberá el consejo dar o negar la sanción entre dieciocho días, contados desde el en que recibió la ley o resolución; y oirá si lo juzga conveniente, los informes que, dentro de ocho días deberá darle el poder ejecutivo. Si pasados los dieciocho días no hubiere el consejo dado o negado la sanción, se entiende dada por el mismo hecho; pero nunca podrá darse o negarse con menos de cuatro votos.

Artículo 106. El Consejo negará la sanción, cuando la ley o resolución fuere contraria a la Constitución federal de la República, y a la presente, y cuando juzgare que su observancia no es conveniente ni al orden, ni a la tranquilidad, o bien a la prosperidad del Estado, o de la República en general.

Artículo 107. La Asamblea las hará examinar por una comisión, cuyo dictamen será leído por dos veces en días diversos, y discutido de nuevo con las mismas formalidades que se prescriben en los Artículos 97 y 101.

Artículo 108. Si la resolución fuere ratificada por dos terceras partes de votos, se tendrá por dada la sanción, y la dará en efecto el Consejo dentro de tres días después de recibirla. En caso contrario, no podrá proponerse de nuevo sino hasta las sesiones del siguiente año.

Artículo 109. Cuando la resolución fuere imponiendo contribuciones de cualquier clase, y el Consejo hubiere rehusado la sanción, se necesita el acuerdo de las tres cuartas partes de la Asamblea para la ratificación; observándose lo demás que prescribe el anterior Artículo. Las votaciones serán nominales para toda ratificación.

Artículo 110. Dada la sanción constitucionalmente, devolverá el consejo a la Asamblea uno de los originales, pasando otro al poder ejecutivo para su ejecución.

Artículo 111. No están sujetas a la sanción del consejo las resoluciones de la Asamblea relativas:

1. A la policía, gobierno y arreglo interior del cuerpo legislativo, lugar y prórroga de sus sesiones.

2. A la calificación de elecciones y renuncia de los elegidos.

3. Al apremio de los miembros ausentes de la misma Asamblea.

4. A la declaratoria de haber lugar a formación de causa contra algún funcionario.

Sección tercera. Promulgación de la ley

Artículo 112. Luego que el poder ejecutivo reciba alguna resolución sancionada por el consejo, o de las que están exceptuadas de la sanción, ordenará su cumplimiento bajo la más estrecha responsabilidad; haciéndola sellar con el sello del Estado, y disponiendo entre quince días lo necesario a su ejecución, publicación y circulación. Si no fuere bastante este término, pedirá al cuerpo legislativo la prórroga necesaria, exponiendo las causas que manifiesten la necesidad.

Artículo 113. En la promulgación se usará de esta fórmula: El Jefe del Estado de Guatemala. Por cuanto la Asamblea tuvo a bien decretar, y el consejo representativo ha sancionado lo siguiente. (El texto literal). Por tanto: ejecútese.

Artículo 114. El poder legislativo arreglará la solemnidad con que deben publicarse las leyes en la capital y en todos los pueblos del Estado.

Título VI. Del Consejo Representativo y sus atribuciones

Sección primera. Del Consejo

Artículo 115. Habrá un Consejo compuesto de representantes elegidos popularmente, en razón de uno por cada departamento del Estado: se renovarán por mitad cada dos años, saliendo, a suerte en la primera renovación el menor número, y pudiendo ser reelegidos sus individuos con el intervalo de una elección.

Artículo 116. Los consejos serán nombrados por las juntas de departamento, el mismo día en que se reúnan para sufragar por los senadores del, Estado, y harán la elección a pluralidad absoluta de votos.

Artículo 117. Se requiere para ser consejero: naturaleza en la República —treinta años cumplidos de edad— ciudadano por espacio de siete anteriores a la elección y uno de residencia en el Estado; y ser seglar.

Artículo 118. Por cada propietario se nombrará un suplente.

Artículo 119. No pueden ser nombrados consejeros los empleados de nombramiento de Gobierno federal, ni los de elección del Jefe del Estado por el departamento en que ejerzan autoridad.

Artículo 120. Solo funcionarán los suplentes, en los casos de muerte, imposibilidad o faltas de los propietarios respectivos, declaradas por el Consejo.

Artículo 121. El Segundo Jefe del Estado será presidente del Consejo, y solo sufragará en caso de empate. En su falta nombrará el Consejo un presidente entre sus individuos, que deberá tener las calidades que se requieren para ser Jefe del Estado.

Sección segunda. Atribuciones del Consejo Representativo

Artículo 122. El Consejo tiene la sanción de todas las resoluciones de la Asamblea, en la forma que establece la Sección segunda, Título V.

Artículo 123. Cuidará de la conducta de los agentes del Gobierno y de aquellos funcionarios contra quienes puede declarar que ha lugar a la formación de causa. Velará sobre la observancia de la Constitución y de las leyes para dar cuenta a la Asamblea, luego que esté reunida, de las infracciones que se notaren durante su receso.

Artículo 124. Aconsejará al poder ejecutivo en todos los negocios de gobierno en que le consulte, especialmente en los casos en que se halle o pueda ser alterada la tranquilidad pública; y en las dudas que ofrezca la ejecución de las leyes y de las resoluciones de la Asamblea.

Artículo 125. Durante el receso de la legislatura convocará a la Asamblea extraordinariamente, citando a los diputados y a los suplentes de los que hubiesen fallecido en el receso.

Artículo 126. La convocatoria se hará por un decreto del Consejo, y deberá darse:

1. Cuando las circunstancias de guerra, insurrección o trastorno exijan que se levanten fuerzas, se impongan contribuciones extraordinarias o necesite el poder ejecutivo ampliación de facultades;

2. Cuando las altas autoridades federales exciten al Jefe del Estado para que se reúna extraordinariamente la Asamblea para algún objeto de interés general de la República o por circunstancias extraordinarias.

Artículo 127. Propondrá ternas al poder ejecutivo para el nombramiento: del intendente o director de las rentas —Tesorero o interventor de la tesorería. De los Jefes políticos departamentales. Del comandante general de las armas, y de los Jefes militares de coronel inclusive arriba.

Artículo 128. Declarará cuándo ha lugar a formación de causa, por delitos cometidos en el ejercicio de sus empleos, contra los mismos funcionarios y contra los magistrados y jueces inferiores a la Corte Superior de Justicia; a excepción de los Jefes militares de coronel inclusive abajo.

Artículo 129. Nombrará en sus primeras sesiones el tribunal que establece el Artículo 223, subrogando en cada renovación del Cuerpo legislativo y del Consejo a los suplentes que hayan cesado en dicho tribunal.

Título VII. Del Poder Ejecutivo, sus atribuciones, y de la Secretaría del despacho

Sección primera. Del Poder Ejecutivo

Artículo 130. Ejercerá el poder ejecutivo un Jefe electo por todos los pueblos del Estado. En su falta hará sus veces un segundo Jefe, nombrado igualmente por los pueblos.

Artículo 131. En la renovación de ambos Jefes se reunirán las Juntas de Departamento del día siguiente al en que eligieron representantes y los electores que las componen procederán a dar sus votos para el nombramiento de uno y otro funcionario.

Artículo 132. El voto de cada elector se escribirá separada y claramente, y del registro en que se hubieren escrito, se remitirá a la Asamblea una copia firmada por los electores presentes en el acto, y bajo cubierta, sellada, con expresión de contener sufragios.

Artículo 133. Reunidos los pliegos de todas las Juntas departamentales, y señalado día para su apertura, se procederá al escrutinio y regulación.

Artículo 134. La votación será regulada por el número de electores de distrito que concurrieron a sufragar en las Juntas de Departamento y que sufragaron efectivamente. Se regulará primero el monto total de los sufragios, deducido del que dio cada elector concurrente de los de todas las Juntas departamentales; y siempre que de ellos resulte mayoría absoluta de sufragios, la elección está hecha en la persona que la reunión y la Asamblea publicará por un decreto.

Artículo 135. Si no resultare elección, y algunos ciudadanos reunieren cuarenta o más votos, la Asamblea elegirá solo entre ellos por mayoría absoluta. Si esto no se verificare, nombrará entre los que tuvieren de diez votos arriba; y no resultando los suficientes para ninguno de estos casos, elegirá entre los que tengan cualquier número, pero siempre entre los designados. La elección que haga la Asamblea se publicará también por un decreto.

Artículo 136. Para ser Jefe y Segundo Jefe del Estado se requieren: naturaleza de la República, treinta años cumplidos de edad, haber sido siete ciudadano, serlo en el ejercicio de sus derechos al tiempo de la elección, residencia en el Estado a lo menos de dos años antes del nombramiento, y ser seglar.

Artículo 137. La duración del Jefe y Segundo Jefe será de cuatro años, pudiendo ser reelegidos una vez sin intervalo. Durante su ejercicio no pueden ser alterados los sueldos que disfruten; y fuera de esto no pueden recibir gratificaciones ni emolumentos de otra clase.

Artículo 138. En falta de ambos Jefes sucederá temporalmente hasta la reunión próxima de la Asamblea, el presidente que fuere del Consejo representativo. Pero si el impedimento o falta no fueren temporales y faltare más de un año para la renovación periódica, será convocada la Asamblea extraordinariamente y nombrará un ciudadano que ejerza el poder ejecutivo, eligiéndose entre los designados por las Juntas departamentales para el nombramiento del Jefe que debe subrogarse; y no habiendo entre los designados para Primer Jefe, se nombrará entre los designados para Segundo; y en falta de unos y otros se elegirá un Consejero.

Artículo 139. Si faltaren más de dos años para la renovación en las elecciones próximas sufragarán de nuevo las Juntas de Departamento para subrogar la falta; y el electo en este caso durará en sus funciones el tiempo precisamente que faltaba al primer nombrado para la renovación ordinaria.

Sección segunda. Atribuciones del Poder Ejecutivo

Artículo 140. El poder ejecutivo publicará la ley, cuidará de su ejecución y del orden público.

Artículo 141. Consultará a la Asamblea sobre la inteligencia de la ley y al consejo sobre la dudas y dificultades que ofrezca su ejecución. En todo negocio de gobierno, y especialmente cuando se halle o pueda ser alterada la tranquilidad pública, podrá igualmente consultar con el consejo, y éste deberá darle dictamen: pero no está obligado en ningún caso a conformarse con él.

Artículo 142. A propuesta en terna del consejo nombrará los funcionarios que designa el Artículo 127; a propuesta de la Corte Superior de Justicia, los que expresa el 211; los subalternos de unos y otros y los oficiales de la fuerza pública del Estado, que no lleguen a la graduación de coronel, por igual propuesta de los superiores jefes respectivos.

Artículo 143. Dirigirá la fuerza armada del Estado, y podrá reunir la cívica en los casos de invasión repentina o de insurrecciones.

Artículo 144. En estos mismos casos dispondrá de toda la fuerza del Estado, y usará de ella en su defensa, dando cuenta inmediatamente a la Asamblea, y en su receso al Consejo, para que la den al Congreso Federal.

Artículo 145. Cuando se le informare de alguna conspiración o traición al Estado que amenace un próximo riesgo al orden público, podrá dar órdenes de arresto e interrogar a los que se presuman reos; pero en el término de tres días los pondrá precisamente a disposición del juez respectivo.

Artículo 146. Hará cumplir en el Estado las leyes y órdenes emanadas de los poderes de la Federación, pasando a la Asamblea copia de aquéllas entre las veinticuatro horas después de su recibo; y en el receso de la legislatura con dictamen del consejo representará a los mismos poderes sobre aquellas que excedan los límites constitucionales, o ataquen los derechos del Estado.

Artículo 147. Al abrirse las sesiones de la Asamblea presentará anualmente una relación detallada del estado de todos los ramos de la administración pública y de la fuerza militar: dará cuenta exacta de los ingresos y erogaciones del erario; y presentará el presupuesto de los del año próximo, proponiendo los medios necesarios para cubrirlos y los que juzgue más oportunos para el mejoramiento de todos los ramos.

Artículo 148. Dará a la Asamblea y al Consejo los informes que le pidieren; y cuando sean sobre asuntos que exijan reserva lo expondrá así para que le dispensen su manifestación o se le exijan si el caso lo requiere. Cuando los informes sean necesarios para hacer efectiva la responsabilidad al Jefe del Estado, no podrán rehusarse ni conservarse los documentos después que se haya declarado haber lugar a la formación de causa.

Artículo 149. Podrá trasladar de unos destinos a otros, equivalentes en rango y goces, a los agentes y funcionarios del Gobierno; suspenderlos por el tiempo de tres meses cuando la tranquilidad y el orden público lo exijan, o el interés del Estado evidentemente manifiesto y previo dictamen del consejo. Con pruebas que justifiquen la ineptitud de los mismos funcionarios, y con acuerdo en vista de ellas de las dos terceras partes de votos del consejo, podrá también deponerles.

Artículo 150. Nombrará y separará libremente, sin necesidad de instrucción de causa, al Secretario o Secretarios de despacho.

Artículo 151. El Jefe del Estado residirá en el lugar en que resida la Asamblea y no podrá separarse sin su permiso. Tampoco podrá salir del territorio de la República sino seis meses después de haber concluido sus funciones; a menos que obtenga licencia de la Asamblea y en su receso con acuerdo del Consejo.

Artículo 152. Será el conducto de comunicación de las autoridades del Estado con las supremas de la República y con los gobiernos de los otros Estados; pero en los negocios judiciales, los jueces y tribunales se entenderán directamente en sus exhortos y requisitorias.

Sección tercera. De la Secretaría de Estado

Artículo 153. El poder ejecutivo tendrá un secretario para el despacho de todos los negocios; y si la experiencia acreditase ser necesario más de uno, la Asamblea designará el número que juzgue indispensable.

Artículo 154. Para ser Secretario del despacho se requieren veinticinco años de edad, siete de residencia en la República y estar en el ejercicio de la ciudadanía.

Artículo 155. Por medio del Secretario del despacho se expedirán todas las órdenes del poder ejecutivo; y las que se expidieren por otro conducto no deben ser obedecidas.

Artículo 156. El secretario del despacho respectivo estará obligado a manifestar al Jefe del Estado cuándo sus decretos y providencias son contrarias a la Constitución y a las leyes; mas no podría rehusarse a comunicarlas, haciendo constar en el libro de decretos y providencias que representó al Jefe su opinión contraria. En este caso no participa de la responsabilidad, que en todo otro es común al Jefe y al secretario.

Título VIII. Administración de los Departamentos

Sección primera. De los Departamentos y de los Distritos
Artículo 157. El Gobierno de cada departamento residirá en un Jefe nombrado por el poder ejecutivo, a propuesta en terna del Consejo: su duración en el mando será de cuatro años y podrá ser reelecto.

Artículo 158. Se requiere para ser Jefe del Departamento: estar en el ejercicio de los derechos de ciudadano, ser mayor de veinticinco años, con residencia en la República al menos de cinco y de tres en el Estado. Las mismas calidades son necesarias para ser Jefe subalterno en los distritos.

Artículo 159. Podrá haber Jefes subalternos de los departamentos en aquellos distritos que por su población, extensión, distancia de la capital del Departamento o que por ser pueblos de mar o puntos fronterizos, deban establecerse, según proponga a la Asamblea el poder ejecutivo, oído el dictamen del Consejo; y un mismo jefe subalterno podrá administrar dos o más distritos.

Artículo 160. Los Jefes de Departamento y los de distrito son agentes del Gobierno, y una ley particular arreglará sus respectivas atribuciones.

Sección segunda. Administración municipal
Artículo 161. En la división del territorio del Estado se fijarán exactamente los límites jurisdiccionales de cada municipalidad, y no se contraerán a los urbanos, sino que se atenderán a los rurales entre unas y otras municipalidades.

Artículo 162. Todo pueblo, aldea o lugar que por sí o su extensión rural llegue a doscientos habitantes, tendrán una municipalidad compuesta de alcaldes, dos o más regidores y un procurador síndico.

Artículo 163. Los pueblos y lugares que bajen de aquella población, tendrán a lo menos un alcalde auxiliar, nombrado por la municipalidad más inmediata.

Artículo 164. Toda municipalidad será compuesta de alcaldes, regidores y procuradores síndicos, nombrados por el respectivo pueblo. La ley arreglará el número de oficiales municipales proporcionado a la población; pero este número no podrá exceder de tres alcaldes, diez regidores y dos síndicos.

Artículo 165. El segundo domingo del mes de diciembre se reunirán todos los años los ciudadanos de cada pueblo y los que se hallen entre los límites de la municipalidad respectiva para elegir a pluralidad de votos, conforme a su población, proporcionando número de electores que residan en el mismo pueblo o en sus límites y estén en el ejercicio de los derechos de ciudadano.

Artículo 166. En otro día festivo del mismo mes, nombrarán los electores a pluralidad absoluta de votos, los alcaldes, regidores y síndicos que correspondieren al pueblo; y los nombrados entrarán a ejercer sus cargos el primero de enero del siguiente año.

Artículo 167. Los alcaldes se renovarán todos los años: los regidores por mitad cada año, y lo mismo los síndicos, si hubiere más de uno; pero siendo único, se renovará anualmente Todos los oficios municipales son carga concejil de que nadie podrá excusarse sin causa legal. Los municipales pueden ser reelegidos, pero no están obligados a admitir el cargo sino con el intervalo de dos años.

Artículo 168. Para ser Alcalde, Regidor y Procurador síndico se requiere ser ciudadano en ejercicio, tener veintitrés años de edad y tres a lo menos la residencia en el pueblo o en sus límites. Ningún empleado de nombramiento del Gobierno puede ser municipal; a excepción de los oficiales de la milicia activa.

Artículo 169. Estará a cargo de las municipalidades el gobierno económico-político de los pueblos, y la ley arreglará sus atribuciones.

Título IX. Poder Judicial. Corte Superior de Justicia. Jueces inferiores

Sección primera. Disposiciones generales

Artículo 170. El Poder Judicial se ejercerá por los tribunales y jueces del Estado.

Ni la Asamblea, ni el Poder Ejecutivo ni otra autoridad podrán ejercer funciones judiciales, evocar causas pendientes, ni abrir juicios fenecidos. Los tribunales y jueces no podrán ejercer otras funciones que las de juzgar, y hacer que se ejecute lo juzgado. Tampoco pueden formar reglamentos para la ejecución y aplicación de las leyes, ni suspender el cumplimiento de éstas.

Artículo 171. Las leyes señalarán el orden y las formalidades de los juicios, que serán uniformes en todos los tribunales y juzgados.

Artículo 172. Todos los ciudadanos y habitantes del Estado, sin distinción alguna, estarán sometidos al mismo orden de juicios y procedimientos que determinen las leyes.

Artículo 173. En las causas civiles y criminales ningún habitante del Estado será juzgado por comisión y tribunal especial, sino por tribunales competentes anteriormente establecidos por la ley. Tampoco podrán establecerse tribunales para juzgar a una clase determinada de ciudadanos o habitantes, y menos para conocer especialmente en determinados delitos.

Artículo 174. Los crímenes militares serán juzgados por tribunales y jueces militares designados con autoridad por la ley.

Artículo 175. Ninguno puede sustraerse de la autoridad de los jueces que la ley le señala.

Unos mismos jueces no pueden juzgar en diversas instancias.

Artículo 176. Las sesiones de los tribunales serán públicas a excepción de aquellas en que se ofenda la decencia; los jueces deliberarán en secreto, y los juicios serán pronunciados en alta voz y públicamente.

Artículo 177. Las ejecutorias y provisiones de los tribunales se harán y se encabezarán en el nombre de EL ESTADO DE GUATEMALA.

Artículo 178. Todas las causas civiles y criminales se fenecerán por todas sus instancias dentro del territorio del Estado.

Sección segunda. Justicia civil

Artículo 179. La facultad de nombrar árbitros en cualquier estado del pleito es inherente a toda persona. La sentencia de los árbitros es inapelable, si las partes comprometidas no se reservaren este derecho.

Artículo 180. Ningún juicio escrito civil o sobre injurias podrá entablarse sin hacer constar que se intentó antes el medio de conciliación.

Artículo 181. La ley clasificará los negocios que por su cuantía admitan tres instancias; y determinará, atendida su entidad y la naturaleza y calidad de los diferentes juicios, qué sentencia ha de ser la que en cada instancia deba causar ejecutoria.

Sección tercera. Justicia criminal

Artículo 182. No podrá imponerse pena de muerte sino por delitos que atenten directamente contra el orden público, y en el de asesinato, homicidio premeditado o seguro.

Artículo 183. Están abolidos para siempre el uso de los tormentos, los apremios, la confiscación de bienes, azotes y penas crueles.

Artículo 184. Nadie puede ser preso sino en virtud de orden escrita por autoridad competente para darla. No podrá librarse ésta sin que preceda justificación de que se ha cometido un delito que merezca pena más que correccional, y sin que resulte al menos por el dicho de un testigo, quién es el delincuente.

Artículo 185. Pueden ser detenidos: el delincuente cuya fuga se tema con fundamento, el que sea encontrado en el acto de delinquir, y en este caso cualquiera puede aprehenderlo para llevarle al juez.

Artículo 186. La detención no puede exceder de cuarenta y ocho horas, y durante este, término deberá la autoridad que la haya ordenado practicar la justificación correspondiente, y según su mérito librar por escrito la orden de prisión, o poner en libertad al detenido.

Artículo 187. El alcaide, ni oficial alguno encargado de cualquiera cárcel o establecimiento de prisión o detención, no pueden recibir ni detener en las cárceles o en dichos establecimientos a ninguna persona, sin transcribir en su libro de presos o detenidos la orden de prisión o detención.

Artículo 188. Todo preso debe ser interrogado dentro de cuarenta y ocho horas, y el Juez está obligado a decretar la libertad, o permanencia en la prisión, dentro de las veinticuatro siguientes, según el mérito de lo actuado. Pero se puede imponer arresto por pena correccional, previas las formalidades que establezcan las leyes, y sin que esta pena exceda de un mes.

Artículo 189. Las personas aprehendidas por la autoridad no podrán ser llevadas a otros lugares de prisión, detención, o arresto, que a los que están legal y públicamente destinados al efecto.

Artículo 190. Cuando algún reo no estuviere incomunicado por orden de juez, transcrita en el registro del alcaide, no podrá éste impedir su comunicación con persona alguna.

Artículo 191. Todo el que no estando autorizado por la ley expidiere, firmare, ejecutare o hiciere ejecutar la prisión o detención o arresto de alguna, persona; todo el que en caso de prisión, detención o arresto autorizado por la ley, recibiere o retuviere al reo en lugar que no sea de los señalados pública y legalmente, y todo alcaide que contraviniere a las disposiciones precedentes, es reo de detención arbitraria.

Artículo 192. No será llevado ni detenido en la cárcel el que diere fianza en los casos en que la ley no lo prohíba expresamente.

Artículo 193. Ninguna casa puede ser registrada sino por mandato escrito de autoridad competente, dado en virtud de dos disposiciones formales que presten motivo al allanamiento, el que deberá efectuarse de día.

También puede registrarse a toda hora por un agente de la autoridad pública:

1. En persecución actual de un delincuente;
2. Por un desorden escandaloso que exija pronto remedio;
3. Por reclamación hecha del interior de la casa.

Mas, hecho el registro, se comprobará por dos deposiciones que se hizo por alguno de los motivos indicados.

Artículo 194. Solo en los delitos de traición a la patria se pueden ocupar los papeles de los habitantes del Estado, y únicamente podrá practicarse su examen cuando sea indispensable para la averiguación de la verdad, y a presencia del interesado, devolviéndosele en el acto cuantos no tengan relación con el delito que se indaga.

Artículo 195. En materias criminales a nadie se recibirá juramento sobre hecho propio; y al tomarse confesión al tratado como reo, se le dará conocimiento de los testigos, se leerán sus declaraciones y todos los documentos que obren contra él. El proceso será público después de la confesión.

Artículo 196. Ninguna pena es trascendental, ni las infamantes, y todas deben tener efecto precisamente sobre el que se hizo acreedor a ellas.

Artículo 197. Las cárceles serán dispuestas de manera que sirvan para asegurar y corregir, y no para molestar a los presos. Serán visitadas con la frecuencia que determinan las leyes, y las mismas arreglarán las formalidades que se han de observar en las visitas, y las facultades de los tribunales en estos actos.

Artículo 198. Se establecerá el sistema de juicios por jurados luego que la ilustración, la moral y las costumbres populares permitan su establecimiento.

Sección cuarta. Organización de la Corte Superior de Justicia
Artículo 199. Habrá una Corte Superior de Justicia elegida por todos los pueblos del Estado, y compuesta de magistrados, cuyo número no podrá bajar de seis ni exceder de nueve. Se renovarán por mitad cada dos años, y podrán siempre ser reelegidos.

Artículo 200. En la renovación de la Corte Superior de Justicia, las Juntas de Departamento se reunirán en distinto día al en que eligieron representantes, y procederá cada elector a sufragar por todos y cada uno de los individuos que deben renovarse con la Corte Superior.

Artículo 201. El voto de cada elector se escribirá separada y claramente, y del registro en que se hubieren escrito y consten los votos particulares de cada uno de los electores se remitirá a la Asamblea del Estado una copia firmada por los que concurrieron al acto y bajo cubierta sellada, con expresión de contener sufragios.

Artículo 202. Reunidos los pliegos de todas las Juntas de Departamento, la Asamblea procederá en su escrutinio, regulación de votos y elección, por el mismo orden, y con las mismas formalidades que prescribe la Sección primera, Título VII, para el nombramiento del primero y segundo Jefe del Estado.

Artículo 203. Si las legislaturas venideras creyeren necesario establecer jueces de alzadas en los Departamentos, o Tribunales de Apelación, situados en diversos puntos para cada dos o más Departamentos, en uso de la facultad octava que les concede el Título IV de esta Constitución, el número de magistrados de que debe componerse la Corte Superior no podrá exceder de seis, incluso el fiscal, ni de cuatro el de los Tribunales de segunda instancia, incluso igualmente el fiscal.

Artículo 204. En estos casos la elección de los jueces de alzadas, o la de los magistrados de las Cortes departamentales será hecha popularmente por la Junta o Juntas del Departamento a que pertenezca el tribunal, observándose respectivamente las mismas reglas establecidas para el nombramiento de la Corte Superior. Pero si el tribunal perteneciere a más de un Departamento, el escrutinio de los votos, su regulación y el nombramiento, en su caso, se verificarán por la Asamblea del Estado.

Artículo 205. No estableciéndose aquellos tribunales, la Corte Superior de Justicia se dividirá en dos cámaras, en la forma que determine la ley, y el número de sus individuos será el máximum del Artículo 199.

Artículo 206. Para ser magistrado de la Corte Superior de Justicia, y en su caso de las Cortes Departamentales, se requiere ser ciudadano en el ejercicio de sus derechos, tener treinta años de edad, siete de residencia en la República inmediatos a la elección, y dos, a lo menos, en el Estado; ser seglar y de conocida moralidad.

Artículo 207. Si la Corte Superior se compusiere de nueve individuos, tendrá cinco suplentes, elegidos de la misma manera.

Si constare de seis, tendrá cuatro suplentes, y las Cortes departamentales no podrán bajar de tres suplentes.

Artículo 208. Los suplentes llenarán las faltas de los propietarios, y sus impedimentos legales, y serán llenados por el orden de sus nombramientos, ya por el en que se hubiese resultado popularmente electos, o bien por aquel en que se les hubiere practicado la Asamblea.

Sección quinta. Atribuciones de la Corte Superior

Artículo 209. La Corte Superior de Justicia conocerá en Segunda y Tercera instancia, en la forma que establezca la ley, de todas las causas comunes civiles y criminales que ocurran dentro del territorio del Estado; pero unos mismos magistrados no podrán juzgar en ambas instancias, ni la Corte Superior conocerá en Segunda si en los Departamentos se establecieren Cortes Departamentales.

Artículo 210. Conocerá además:

1. De las competencias de los tribunales y jueces inferiores;

2. De los recursos de nulidad que se interpongan en las sentencias dadas por los tribunales de segunda instancia en todas las causas en que no haya lugar a tercera;

3. De las causas de responsabilidad de los jueces de la instancia, cuando no estén establecidas las Cortes departamentales, y de la de los magistrados de éstas en el caso de que se establezcan;

4. Juzgará en las acusaciones contra el primer Jefe del Estado, Secretario o Secretarios del despacho, y contra el Segundo Jefe si hubiere ejercido las funciones del primero; en las del Presidente e individuos del Consejo representativo, y originariamente de las de todos los demás funcionarios contra quienes hubiere declarado el consejo haber lugar a formación de causa;

5. En apelación de las causas contra los militares del Estado, por crímenes militares y con arreglo al Código marcial.

Artículo 211. Propondrá ternas al poder ejecutivo para el nombramiento de los jueces de primera instancia, auditores y asesores militares, e individuos de todo tribunal inferior que se establezca por virtud del Artículo 94, facultad novena, del Cuerpo legislativo.

Artículo 212. Velará sobre la conducta de los jueces inferiores, cuidando de que administren pronta y cumplidamente la justicia.

Sección sexta. Jueces inferiores

Artículo 213. Habrá Jueces de Primera instancia, y su número será proporcionado a la población y extensión de cada Departamento.

Artículo 214. Los Jueces de Primera instancia serán nombrados por el poder ejecutivo, a propuesta en terna de la Corte Superior de Justicia, y en su caso de las respectivas Cortes Departamentales.

Artículo 215. Para ser Juez de Primera instancia se requiere ser ciudadano en el ejercicio de sus derechos, mayor de veinticinco años, con cinco de residencia en la República y tres en el Estado, y de conocida moralidad.

Artículo 216. Ejercerán la judicatura por el tiempo de cinco años, pudiendo siempre ser reelectos y provistos para las judicaturas de otro Departamento aunque no hayan cumplido aquel término.

Artículo 217. Sus facultades se limitarán precisamente a lo contencioso, y las leyes determinarán hasta de qué cantidad podrán conocer sin apelación en los negocios civiles, determinando igualmente la extensión de las facultades de los alcaldes en sus respectivos pueblos, así en lo contencioso como en lo económico.

Título X. De la responsabilidad de los funcionarios del Estado

Sección única

Artículo 218. Todos los funcionarios del Estado, antes de posesionarse de sus destinos, prestarán juramento de sostener con toda su autoridad la Constitución federal de la República y la presente, y ser fieles a la nación y al Estado.

Artículo 219. Todo funcionario público es responsable, con arreglo a las leyes, del ejercicio de sus funciones.

Artículo 220. Deberá declararse cuándo ha lugar a formación de causa contra los representantes de la Asamblea, por traición a la patria —venalidad—, falta grave en el desempeño de sus funciones y delitos comunes que merezcan pena más que correccional.

Artículo 221. En los mismos casos, y en los de infracción de ley y usurpación, habrá igualmente lugar a formación de causa contra los individuos del Consejo representativo y de la Corte Superior de Justicia, contra el Jefe y Segundo Jefe de Estado, Secretario o Secretarios del despacho.

Artículo 222. En las acusaciones contra los representantes, la Asamblea declarará cuándo ha lugar a formación de causa, la que será seguida y determinada según arregle la ley de su régimen interior.

Artículo 223. En las acusaciones contra el Jefe y Segundo Jefe, si ha hecho sus veces, declarará la Asamblea cuándo ha lugar a formación de causa; juzgará la Corte Superior de Justicia, y conocerá en apelación un tribunal compuesto de cinco individuos, que nombrará el Consejo representativo entre los suplentes del mismo Consejo y los de la Asamblea que no hayan entrado al ejercicio de sus funciones.

Artículo 224. La Asamblea declarará cuándo ha lugar a formación de causa en las acusaciones contra los individuos de la Corte Superior de Justicia; juzgará el tribunal nombrado por el Consejo entre los suplentes, y conocerá en apelación otro tribunal de cinco individuos que nombre la Asamblea entre los ciudadanos que obtuvieron votos populares indistintamente para todos los destinos de la misma Corte Superior.

Artículo 225. En las acusaciones contra los individuos del Consejo y Segundo Jefe del Estado, declarará la Asamblea cuándo ha lugar a formación de causa; juzgará la Corte Superior de Justicia, y conocerá en apelación el tribunal nombrado por la Asamblea de que habla el Artículo anterior.

Artículo 226. Todo acusado queda suspenso en el acto de declararle que ha lugar a formación de causa, depuesto siempre que resulte reo, e inhabilitado para todo cargo público si la causa diere mérito según la ley. En lo demás a que hubiere lugar se sujetarán al orden y tribunales comunes.

Artículo 227. Los delitos mencionados en los Artículos 220 y 221 producen acción popular, y las acusaciones de cualquier ciudadano o habitante del Estado deben ser atendidas.

Título XI. De las contribuciones

Sección única

Artículo 228. Las contribuciones serán repartidas igualmente entre los habitantes del Estado, con proporción a sus facultades, sin privilegio ni excepción alguna.

Artículo 229. Las contribuciones directas o indirectas serán proporcionadas a los gastos que hubiere decretado la Asamblea para los diversos ramos de la administración pública.

Artículo 230. La Asamblea establecerá o confirmará anualmente las contribuciones directas o indirectas generales o municipales. Subsistirán las antiguas hasta que, establecidas otras, se decrete la abolición de aquéllas.

Artículo 231. Decretada por la Asamblea una contribución directa de cualquiera clase, la misma Asamblea aprobará el repartimiento que hubiere hecho de ella el poder ejecutivo entre los departamentos con proporción a su riqueza.

Artículo 232. Las contribuciones e impuestos municipales se decretarán también por el cuerpo legislativo y las municipalidades solo tienen el derecho de proponer arbitrios para los gastos de utilidad común en sus territorios respectivos por conducto y con informe del Jefe departamental.

Artículo 233. Ni en la tesorería general del Estado, ni en los fondos comunes se hará pago alguno que no esté expresamente determinado por la ley o decretado por el poder ejecutivo con arreglo a la misma, comunicándose por los conductos correspondientes.

Artículo 234. Todo libramiento u orden de pago o erogación contraria a la ley, serán protestados por los directores o administradores de las rentas públicas, y de los fondos particulares de los pueblos.

Artículo 235. Toda erogación extraordinaria no incluida en presupuesto general del año decretado por el poder legislativo, exige nuevo y especial decreto de la Asamblea.

Artículo 236. El poder ejecutivo velará sobre el cobro, distribución y seguridad de las rentas públicas.

Artículo 237. La ley arreglará el sistema de cobros y el de contabilidad en la capital del Estado y en los Departamentos, y anualmente se imprimirá y circulará a todos los pueblos un estado de los ingresos y egresos del erario, con el presupuesto que se haya aprobado por la Asamblea.

Título XII. De la fuerza pública

Sección única

Artículo 238. La fuerza pública se ha instituido para defender al Estado de los enemigos exteriores, para concurrir a la defensa general de la República y para asegurar en lo interior del Estado el orden y la ejecución de las leyes.

Artículo 239. La fuerza pública es esencialmente obediente; ningún cuerpo armado podrá deliberar; ningún cuerpo, ni fracción alguna de la fuerza pública del Estado, puede hacer peticiones a las autoridades con las armas en la mano. Ningún cuerpo o destacamento de tropas puede obrar en el interior del Estado sin una requisición legal.

Artículo 240. Ningún agente de la fuerza pública puede entrar en la casa de un ciudadano sino para ejecutar las órdenes de la justicia o de la policía, o en los casos expresamente determinados por la ley.

Artículo 241. La fuerza pública del Estado se compone de las tropas de continuo servicio que se juzguen necesarias y que se levantarán en tiempo de paz con acuerdo del Congreso federal, de la milicia activa y de las milicias cívica o local.

Artículo 242. La milicia cívica se compone de los ciudadanos y de los hijos de ciudadanos aptos para llevar las armas. La milicia activa se forma de los habitantes del Estado por alistamientos voluntarios, y en caso necesario del modo que la ley determine, forzosamente para todos los que no tienen excepciones legales.

Artículo 243. La ley orgánica de la fuerza pública determinará igualmente el modo de levantar las tropas de continuo servicio, y para la que se necesiten tiempo de guerra.

Artículo 244. La Asamblea, a propuesta del Poder Ejecutivo, determinará anualmente el número de hombres de que debe componerse la fuerza de continuo servicio y la milicia activa

Artículo 245. La milicia activa y la milicia cívica tendrán, respectivamente, en todo el Estado una misma disciplina y un mismo uniforme.

Artículo 246. Nadie podrá mandar la milicia cívica de más de un distrito, sino cuando se hallare reunida haciendo un servicio activo, en cuyo caso se sujetará a las penas establecidas para las tropas de continuo servicio y milicia activa, especialmente en los delitos contra la subordinación y disciplina.

Artículo 247. El comandante general de las armas mandará la fuerza permanente y milicia activa bajo las órdenes del Jefe del Estado; pero no estará la fuerza cívica bajo las de aquél sino cuando, en los casos determinados por la ley, se halle en actividad para repeler alguna invasión o contener insurrecciones.

Artículo 248. La ordenanza de la fuerza pública clasificará exacta y precisamente los delitos militares, y determinará la forma de los procedimientos.

Título XIII. Instrucción pública

Sección única

Artículo 249. Se establecerán en todos los pueblos escuelas primarias, dotadas de sus fondos comunes, en las que se enseñará a leer, y escribir, y contar, los elementos de la moral y los principios de la Constitución.

Artículo 250. Se crearán asimismo los establecimientos y escuelas superiores que se juzguen convenientes para la enseñanza de todas las ciencias, literatura y bellas artes.

El cuerpo legislativo determinará su número y designará los puntos en que deban erigirse.

Artículo 251. El plan general de instrucción pública arreglará la enseñanza, y ninguna persona o asociación podrá establecer reglamentos particulares separándose del método común y uniforme que prescriba la ley.

Artículo 252. En todas las escuelas superiores y establecimientos literarios, aunque sean de fundación particular, donde se enseñen las ciencias eclesiásticas y políticas, se explicará la Constitución de la República y la particular del Estado.

Artículo 253. Todo ciudadano puede formar establecimientos particulares de educación y de instrucción para concurrir al progreso de las ciencias y de las artes.

Artículo 254. Todos los establecimientos de educación y de instrucción pública estarán bajo la inspección del Gobierno en cuanto concierna al cumplimiento de las leyes, reglamentos y estatutos generales.

Título XIV. De las reformas de la Constitución

Sección única

Artículo 255. Si la experiencia acreditare la necesidad de rever esta Constitución, la revisión será propuesta lo menos por cuatro representantes, o por la mayoría absoluta de los individuos del Consejo representativo.

Artículo 256. Ningún proyecto de reforma podrá proponerse hasta la legislatura del año de 1830 sino en el caso de que la Constitución federal de la República se haya reformado por los medios que prescribe, y de suerte que la forma del gobierno se hubiere alterado con respecto a la que establece pura los Estados en el Título XII.

Artículo 257. Todo proyecto de reforma se presentará por escrito, y será leído por dos veces en diversos días, con el intervalo de tres de una a otra lectura; y admitido a discusión, se examinará detenidamente por una comisión, que no podrá presentar su dictamen antes de los diez días siguientes.

Artículo 258. El dictamen de la comisión será leído por dos veces con los mismos intervalos, y no se pondrá a discusión antes de ocho días.

Artículo 259. Si se resolviere por dos tercios de votos que ha lugar a rever la Constitución, y la revisión fuere declarado urgente, por el solo caso de haberse variado o alterado en la Constitución federal la forma de gobierno de los Estados, le convocará una Asamblea Constituyente, cuyos miembros serán autorizados con poderes amplios y especiales para rever la Constitución y hacer en ella las alteraciones a que dieron lugar las circunstancias y la convocatoria.

Artículo 260. Si la resolución de haber lugar a rever la Constitución no fuere declarada urgente, el negocio será examinado de nuevo por la legislatura del siguiente año, que observará las mismas formalidades, y resolviendo de conformidad con la legislatura del año anterior, será decretada la convocatoria de la Asamblea Constituyente por dos tercios de votos.

Artículo 261. Cuando la segunda legislatura resolviere contra la revisión, no podrá proponerse de nuevo sino hasta la del año siguiente, cuya resolución será la determinante.

Artículo 262. Los miembros de la Asamblea constituyente antes de dar principio a sus funciones jurarán solemnemente «limitarse a estudiar sobre los objetos para que fueron convocados, sin atentar contra la Constitución federal, y conservar al Estado y a sus habitantes las garantías individuales y políticas, y ser fieles a la República y al Estado».

Artículo 263. Para discutirse cualquier proyecto en que se reforme o adicione parcialmente esta Constitución, deberá presentarse firmado al menos por cuatro representantes en la Asamblea.

Artículo 264. Si el proyecto no fuere admitido a discusión, no podrá presentarse de nuevo sino hasta el siguiente año.

Artículo 265. Admitido a discusión y puesto en estado de votarse, se resolverá por las dos terceras partes de votos; y la reforma o adición no se tendrá por constitucional ni producirá efecto alguno sin que la sancione la legislatura del siguiente año, también por las dos terceras partes de votos.

Artículo 266. Observándose todas las formalidades que previenen los Artículos anteriores, podrá alterárse la base de la representación del Estado en cualquier tiempo en que ocurran las causas que expresa el Artículo 76.

Artículo 267. Para que la Asamblea del Estado en uso de la facultad que le concede el Artículo 199 de la Constitución de la República, pueda proponer al Congreso federal un proyecto de reforma o adición a dicha Constitución, se observarán para acordar la propuesta todas las formalidades que prescribe este Título con respecto a las reformas parciales que se hagan en la presente; pero el acuerdo para proponerlas en la federal será válido sin necesidad de sancionarse por la siguiente legislatura, y se podrá dar en cualquier tiempo.

Artículo 268. La presente Constitución está solemnemente sancionada por esta Asamblea.

Dada en la ciudad de Guatemala a once de octubre de mil ochocientos veinticinco. 5.º 3.º José Bernardo Dighero, diputado por Cobán, presidente. Pedro José Valenzuela, diputado por Chimaltenango, vicepresidente. Balbino Antonio de Albarado, diputado por Salamá. José María Chacón, diputado por San Agustín. Félix María Rivera, diputado por Sololá. Rafael Lupercio Arriola, diputado por Sacatepéquez. Lucas Pinelo, diputado por el Petén. Laureano Nova, diputado por Quezaltenango y Suchitepéquez. Juan José Flores, diputado por Quezaltenango y Suchitepéquez. Manuel Montúfar, diputado por Escuintla. M. Julián Ibarra, diputado por Guatemala. José Mariano Vidaurre, diputado por Chiquimula. José Antonio Solís, diputado por Sacatepéquez. Eulogio Gálvez, diputado por Totonicapán. Ambrosio Collado, diputado por Totonicapán. Mariano de Altube, diputado por Soconusco, Secretario. José Gregorio Márquez, diputado por Chimaltenango, Secretario.

Guatemala, octubre 11 de 1825. Ejecútese. Firmado de mi mano, sellado con el sello del Estado y refrendado por el Secretario del despacho general del Gobierno del Estado. Juan Barrundia. Manuel Barberena, Secretario.

Reformas a la Constitución Federal de Centroamérica de 1835

(13 de febrero de 1835)

El Congreso Federal de la República de Centroamérica, usando de la facultad que le concede la Constitución, ha acordado reformarla de la manera siguiente: Constitución de la República Federal de Centroamérica.

Título I. De la Nación y de su territorio

Sección 1. De la Nación

Artículo 1. El pueblo de la República de Centroamérica es independiente y soberano.

Artículo 2. Es esencial al Soberano y su primer objeto la conservación de la libertad, igualdad, seguridad y propiedad.

Artículo 3. Forman el pueblo de la República todos sus habitantes.

Artículo 4. Están obligados a obedecer y respetar la ley, a servir y defender la Patria con las armas y a contribuir proporcionalmente para los gastos públicos sin exención ni privilegio alguno.

Sección 2. Del territorio

Artículo 5. El territorio de la República es el mismo que antes comprendía el antiguo reino de Guatemala, a excepción por ahora de la provincia de Chiapas.

Artículo 6. La Federación se compone actualmente de cinco Estados, que son: Costa Rica, Nicaragua, Honduras, El Salvador y Guatemala. La provincia de Chiapas se tendrá por Estado de la Federación cuando libremente se una.

Artículo 7. La demarcación de territorio de los Estados se hará por una ley constitucional con presencia de los datos necesarios.

Título II. Del Gobierno, de la Religión, de los ciudadanos

Sección 1. Del Gobierno y de la Religión

Artículo 8. El Gobierno de la República es: popular, representativo, federal.

Artículo 9. La República se denomina: Federación de Centroamérica.

Artículo 10. Cada uno de los Estados que la componen es libre e independiente en su gobierno y administración interior; y les corresponde todo el poder que por la Constitución no estuviere conferido a las autoridades federales.

Artículo 11. Los habitantes de la República pueden adorar a Dios según su conciencia. El Gobierno general les protege en la libertad del culto religioso. Mas los Estados cuidarán de la actual religión de sus pueblos; y mantendrán todo culto en armonía con las leyes.

Artículo 12. La República es un asilo sagrado para todo extranjero, y la patria de todo el que quiera residir en su territorio.

Sección 2. De los ciudadanos

Artículo 13. Todo hombre es libre en la República. No puede ser esclavo el que se acoja a sus leyes, ni ciudadano el que trafique en esclavos.

Artículo 14. Son ciudadanos todos los habitantes de la República naturales del país, o naturalizados en él, que fueren casados, o mayores de dieciocho años, siempre que ejerzan alguna profesión útil o tengan medios conocidos de subsistencia.

Artículo 15. Se concederán cartas de naturaleza a los extranjeros que manifiesten a la autoridad local designio de radicarse en la República:

1. Por servicios relevantes hechos a la nación y designados por la ley.

2. Por cualquiera invención útil, y por el ejercicio de alguna ciencia, arte u oficio no establecidos aún en el país, o mejora notable de una industria conocida.

3. Por vecindad de cinco años.

4. Por la de tres, a los que vinieren a radicarse con sus familias, a los que contrajeren matrimonio en la República y a los que adquirieren bienes raíces de valor y clase que determine la ley.

Artículo 16. También son naturales los nacidos en país extranjero de ciudadanos de Centroamérica, siempre que sus padres estén al servicio de la República, o cuando su ausencia no pasare de cinco años, y fuere con noticia del Gobierno.

Artículo 17. Son naturalizados los españoles y cualesquiera extranjeros que hallándose radicados en algún punto del territorio de la República al proclamarse su independencia, la hubieren jurado.

Artículo 18. Todo el que fuere nacido en las Repúblicas de América y viniere a radicarse a la Federación, se tendrá por naturalizado en ella desde el momento en que manifieste su designio, ante la autoridad local.

Artículo 19. Los ciudadanos de un Estado tienen expedito el ejercicio de la ciudadanía en cualquiera otro de la Federación.

Artículo 20. Pierden la calidad de ciudadanos:

1. Los que admitieren empleo o aceptasen pensiones, distintivos o títulos hereditarios de otro Gobierno; o personales sin licencia del Congreso.

2. Los sentenciados por delitos que según la ley merezcan pena más que correccional, si no obtuvieren rehabilitación.

Artículo 21. Se suspenden los derechos de ciudadano:

1. Por proceso criminal en que se haya proveído auto de prisión por delito que según la ley merezca pena más que correccional.

2. Por ser deudor fraudulento declarado, o deudor a las rentas públicas y judicialmente requerido de pago.

3. Por conducta notoriamente viciada.

4. Por incapacidad física o moral judicialmente calificada.

5. Por el estado de sirviente doméstico cerca de la persona.

Artículo 22. Solo los ciudadanos en ejercicio pueden obtener oficios en la República.

Título III. De la elección de las Supremas Autoridades Federales

Sección 1. De las elecciones en general

Artículo 23. Las Legislaturas de los estados dividirán su población con la posible exactitud y comodidad en juntas populares, y en distritos electorales; de manera que cada uno de éstos contenga la base de población necesaria para elegir un solo representante.

Artículo 24. Las juntas populares se componen de ciudadanos en el ejercicio de sus derechos; y las de distrito, de electores nombrados por las juntas populares.

Artículo 25. Toda junta será organizada por un directorio compuesto de un presidente, dos secretarios y dos escrutadores, elegidos por ella misma.

Artículo 26. Las acusaciones sobre fuerza, cohecho o soborno en los sufragantes hechas en el acto de la elección, serán determinadas por el directorio con cuatro hombres buenos nombrados entre los ciudadanos presentes, por el acusador y el acusado, para el solo efecto de desechar por aquella vez los votos tachados o el del calumniador en su caso. En lo demás, estos juicios serán seguidos y terminados en los Tribunales comunes.

Artículo 27. Los recursos sobre nulidad de elecciones de las juntas populares serán definitivamente resueltos en las de distrito. Las Cámaras que verifican las elecciones deciden de las calidades de los últimos electos cuando sean tachados, y de los reclamos sobre nulidad en los actos de las juntas de distrito.

Artículo 28. Los electores no son responsables por su ejercicio electoral. Las leyes acordarán las garantías necesarias para que libre y puntualmente desempeñen su cargo.

Artículo 29. En las épocas de elección constitucional se celebrarán las juntas populares el último domingo de octubre, y las juntas de distrito, el segundo domingo de noviembre.

Artículo 30. Ningún ciudadano podrá excusarse del cargo de elector por motivo ni pretexto alguno.

Artículo 31. Nadie puede presentarse con armas a los actos de elección, ni votarse por sí mismo.

Artículo 32. Las juntas no podrán deliberar sino sobre objetos, designados por la ley. Es nulo todo acto que esté fuera de su legal intervención.

Artículo 33. Los actos de elección periódica constitucional no necesitan para ser válidos de anterior convocatoria; y aun cuando ésta falte, deberán celebrarse en su época.

Sección 2. De las Juntas Populares

Artículo 34. La base menor de una junta popular será de doscientos cincuenta habitantes; la mayor, de dos mil quinientos.

Artículo 35. Se formarán registros de los ciudadanos que resulten de la base de cada junta, y los inscritos en ellos únicamente, tendrán voto activo y pasivo.

Artículo 36. Las juntas populares nombrarán un elector por cada doscientos cincuenta habitantes. La que tuviere un residuo que exceda a la mitad de este número nombrará un elector más.

Sección 3

Artículo 37. Los electores se reunirán en las cabeceras electorales de distrito que las Legislaturas de los Estados designen.

Artículo 38. Un distrito electoral constará de ciento veinte electores. Reunida por lo menos la mayoría de es la número, se forma la junta electoral y organizada con su directorio elige a pluralidad absoluta de votos el representante y el suplente que le corresponda.

Artículo 39. Nombrado el representante y el suplente, se despachará a cada uno por credencial copia autorizada del acta que debe extenderse, en que consta su nombramiento.

Artículo 40. En la renovación de Presidente de la República los electores sufragarán por dos individuos, debiendo ser precisamente uno de ellos vecino de otro Estado de aquel en que se elige; y cada voto será registrado con separación. En la propia forma, pero en acto diverso, se votará para Vicepresidente de la República.

Artículo 41. Los directores de las juntas de distrito formarán de cada acto de elección lista de los electores con expresión de sus votos.

Artículo 42. Las listas relativas a la elección de Presidente de la República deberán leerse y firmarse a presencia de los electores, y remitirse cerradas y selladas a la Cámara de representantes. En la propia forma se dirigirán al Senado las que correspondan a la elección de Vicepresidente, y copias de unas y otras a la Legislatura respectiva.

Sección 4

Artículo 43. Cada uno de los Estados de la Unión es representado en la Cámara de senadores por cuatro individuos que su legislatura nombre entre los ciudadanos de las calidades designadas en el Artículo 30. También elegirá dos suplentes para sustituir a los propietarios en sus faltas.

Sección 5

Artículo 44. Reunidos los pliegos de elección de Presidente, la Cámara de Representantes, en unión del Senado los abrirá y regulará la votación para elección popular por el número de los electores que efectivamente hayan votado, y no por su voto noble, ni por el número de las juntas.

Artículo 45. Siempre que resulte mayoría absoluta de votos la elección está hecha. Si esta mayoría la obtuvieren dos o tres individuos, se declarará popularmente electo el que reúna más número, y en caso de empate decidirá la Cámara de representantes sin intervención del Senado, que se retirará al efecto.

Artículo 46. Si no hubiese elección popular, la Cámara de representantes elegirá entre los que obtengan cuatrocientos o más votos. Si esto no se verificare, nombrará entre los que tuvieren de ciento cincuenta votos arriba, y no resultando los suficientes para ninguno de estos dos casos, elegirá entre los que obtengan diez o más votos.

Artículo 47. El Senado, sin intervención de la Cámara de representantes, abrirá los pliegos y escrutará los votos emitidos para Vicepresidente de la República; declarando la elección popular si resultase hecha según los Artículos 44 y 45 o verificándola en los casos del Artículo 46 del mismo modo y por las mismas reglas prevenidas para la elección de Presidente.

Artículo 48. En caso de que algún ciudadano obtenga dos o más elecciones para un mismo destino, preferirá la que se haya efectuado por mayor número de votos, y siendo éstos iguales, se determinará por la voluntad del electo.

Artículo 49. En un mismo sujeto la elección de propietario con cualquier número de votos prefiere a la de suplente.

Artículo 50. Si en un mismo ciudadano concurrieren diversas elecciones se determinará la preferencia por la siguiente escala:

1. La de Presidente de la República.
2. La de Vicepresidente.
3. La de Senador.
4. La de Representante.

Artículo 51. Los ciudadanos que hayan servido por el término constitucional cualquier destino electivo en la Federación, no serán obligados a continuar en el mismo, ni admitir otro diverso, sin que haya transcurrido el intervalo de un año.

Artículo 52. Las elecciones de Presidente y Vicepresidente se publicarán por un decreto de la Cámara que las haya verificado. Las legislaturas publicarán del mismo modo la elección que hicieren de senadores.

Artículo 53. Todos los actos de elección para individuos de los supremos poderes federales, deben ser publicados para ser válidos.

Artículo 54. La ley reglamentará estas elecciones sobre las bases establecidas.

Título IV. Del Poder Legislativo y de sus atribuciones

Sección 1

Artículo 55. El Poder Legislativo de la Federación reside en un Congreso compuesto de dos Cámaras, la de Representantes y del Senado. La primera, de diputados electos por las juntas de distrito, y la segunda, de senadores nombrados por las legislaturas de los Estados.

Artículo 56. Las dos Cámaras son independientes entre sí.

Artículo 57. Se reunirán sin necesidad de convocatoria el día primero de febrero de cada año; sus sesiones duran tres meses y solo podrán prorrogarse uno más.

Artículo 58. Abrirán y cerrarán sus sesiones a un mismo tiempo; ninguna de ellas podrá suspenderlas ni prorrogarlas más de tres días sin la sanción de la otra, ni trasladarse a otro lugar sin el convenio de ambas.

Artículo 59. Para toda resolución se necesita la concurrencia de la mayoría absoluta de los miembros de cada Cámara y el acuerdo de la mitad y uno más de los que se hallaren presentes; pero un número menor podrá obligar a concurrir a los ausentes del modo y bajo las penas que se designen en su reglamento interior.

Artículo 60. Los representantes y senadores no podrán ser empleados por el Gobierno durante sus funciones; no obtendrán ascenso que no sea de rigurosa escala.

Artículo 61. En ningún tiempo ni con motivo alguno los representantes y senadores pueden ser responsables por proposición, discurso o debate en las Cámaras o fuera de ellas sobre asuntos relativos a su destino. Y durante los meses de sesiones y uno después no podrán ser demandados civilmente ni ejecutados por deudas.

Artículo 62. Los representantes y senadores tendrán igual competencia y la misma designación de viático.

Artículo 63. En el distrito federal tendrán una jurisdicción exclusiva las autoridades federales.

Artículo 64. Si el Congreso se traslada a otro lugar fuera del distrito, las autoridades federales no ejercerán otras facultades sobre la población donde residan que las concernientes a mantener el orden y tranquilidad pública para asegurarse en el libre y decoroso ejercicio de sus funciones.

Sección 2. De la organización de la Cámara de Representantes

Artículo 65. La Cámara de representantes se compone de diputados nombrados por las juntas electorales de distrito en razón de uno por cada treinta mil habitantes.

Artículo 66. Por cada dos representantes se elegirá un suplente, alternando los distritos en su elección.

Artículo 67. Los suplentes concurrirán por falta de los propietarios en caso de muerte o imposibilidad.

Artículo 68. La Cámara de representantes se renovará por mitad cada año, y sus individuos podrán ser siempre reelegidos.

Artículo 69. Los representantes que continúan, en unión de los nuevamente electos, reunidos en Junta preparatoria, calificarán las elecciones y credenciales de los últimos.

Artículo 70. Para ser representante se necesita:

1. Tener la edad de veintitrés años;

2. Haber sido cinco ciudadano, bien sea del estado seglar o eclesiástico; y

3. Hallarse en actual ejercicio de sus derechos.

En los naturalizados se requiere además un año de residencia no interrumpida e inmediata a la elección, si no es que hayan estado ausentes en servicio de la República.

Artículo 71. Los empleados del Gobierno de la Federación no podrán ser representantes.

Artículo 72. La Cámara de Representantes elegirá entre sus individuos un Presidente, un Vicepresidente y los Secretarios que en su reglamento designe.

Sección 3. De la organización del Senado

Artículo 73. El Senado se compone de los senadores electos por la legislatura de los Estados, con arreglo al Artículo 43.

Artículo 74. Los suplentes concurrirán en caso de muerte o imposibilidad de los propietarios.

Artículo 75. El Senado se renovará anualmente por cuartas partes, eligiendo las legislaturas un senador cada año.

Artículo 76. El Senado actual se renovará en su totalidad, haciendo antes la calificación de los nuevamente electos. La suerte designará los que deban renovarse en cada estado el primero, segundo y tercer año.

Artículo 77. Uno solo de los senadores de cada Estado podrá ser eclesiástico y no podrá ser electo ningún empleado del Gobierno federal.

Artículo 78. Los senadores podrán ser siempre reelegidos.

Artículo 79. En caso necesario cualquier número de senadores de los posesionados o nuevamente nombrados tendrán la misma facultad que se da a los representantes en el Artículo 69.

Artículo 80. Para ser senador se requiere:

1. Naturaleza en la República;

2. Tener treinta años cumplidos;

3. Haber sido siete ciudadano;

4. Estar en actual ejercicio de sus derechos; y

5. Poseer un capital libre de tres mil pesos o tener alguna renta u oficio que produzca trescientos pesos anuales.

Artículo 81. Presidirá el Senado el Vicepresidente de la República mas no tendrá voto sino en caso de empate. En falta del Vicepresidente nombrará el Senado entre sus miembros al que le haya de sustituir. También nombrará de su seno al secretario, o secretarios que su reglamento establezca.

Sección 4. De las facultades comunes a las dos Cámaras

Artículo 82. Corresponde a cada una de las Cámaras sin intervención de la otra:

1. Calificar la elección de sus miembros respectivos.

2. Llamar a los suplentes en los casos que designan los Artículos 67 y 74.

3. Admitir con dos terceras partes de votos las renuncias que con causas graves hagan de sus destinos sus miembros respectivos.

4. Arreglar el orden de sus sesiones y debates.

5. Exigir la responsabilidad a sus miembros respectivos y determinar por su reglamento interior el modo en que deben ser juzgados en toda clase de delitos.

Sección 5. De las atribuciones del Poder Legislativo

Artículo 83. Corresponde al Poder Legislativo:

1. Dictar las leyes conducentes a conservar en los Estados las formas republicanas de un Gobierno popular representativo con división de poderes, y anular toda disposición que las altere o contraríe.

2. Levantar y sostener el ejército y armada nacional.

3. Formar la ordenanza general de una y otra fuerza.

4. Autorizar al Poder Ejecutivo para emplear la milicia de los Estados cuando lo exija la ejecución de la ley o sea necesario contener insurrecciones o repeler invasiones.

5. Conceder al Poder Ejecutivo facultades extraordinarias expresamente detalladas y por un tiempo limitado, en caso de guerra contra la independencia nacional.

6. Fijar los gastos de la administración general.

7. Decretar y designar rentas generales para cubrirlos, y no siendo bastantes, señalar el cupo correspondiente a cada Estado según su población y riqueza.

8. Arreglar la administración de las rentas generales; velar sobre su inversión y tomar cuentas de ella al Poder Ejecutivo.

9. Decretar en caso extraordinario pedidos, préstamos e impuestos extraordinarios.

10. Calificar y reconocer la deuda nacional.

11. Destinar los fondos necesarios para su amortización y réditos.

12. Contraer deudas sobre el crédito nacional.

13. Suministrar empréstitos a otras naciones.

14. Dirigir la educación, estableciendo los principios generales más conformes al sistema popular y al progreso de las artes útiles y de las ciencias, y asegurar a los inventores, por el tiempo que se considere justo, el derecho exclusivo en sus descubrimientos.

15. Arreglar y proteger el derecho de petición.

16. Declarar la guerra y hacer la paz con presencia de los informes y preliminares que le comunique el Poder Ejecutivo.

17. Ratificar los tratados y negociaciones que haya ajustado el Poder Ejecutivo.

18. Conceder o negar el pase a las bulas y rescritos pontificios que se versen sobre asuntos generales.

19. Conceder o negar la introducción de tropas extranjeras en la República.

20. Arreglar el comercio con las naciones extranjeras y entre los Estados de la Federación, y hacer leyes uniformes sobre las bancarrotas.

21. Habilitar puertos y establecer aduanas marítimas.

22. Determinar el valor, ley, tipo y peso de la moneda nacional, y disponer su acuñación; fijar el precio de la extranjera, uniformar las pesas y medidas y decretar penas contra los falsificadores.

23. Abrir los grandes caminos y canales de comunicación, y restablecer y dirigir postas y correos generales de la República.

24. Formar la ordenanza del corso: dar leyes sobre el modo de juzgar la piratería, y decretar las penas contra este y otros atentados cometidos en alta mar con infracción del derecho de gentes.

25. Conceder amnistía o indultos generales en el caso que designa el Artículo 116.

26. Crear Tribunales inferiores que conozcan en asuntos propios de la Federación.

27. Admitir por dos terceras partes de votos las renuncias que con causas graves hagan de sus oficios el Presidente y Vicepresidente de la República.

28. Señalar los sueldos de los miembros de ambas Cámaras, del Presidente y Vicepresidente de la República, de los individuos de la Suprema Corte de Justicia, de todos los demás agentes y empleados de la Federación.

29. Velar especialmente sobre la observancia de los Artículos comprendidos en los Títulos X y XI de esta Constitución,

y anular toda disposición legislativa que los contraríe y los efectos que haya producido.

30. Conceder permiso para obtener de otra nación pensiones, distintivos o Títulos personales, siendo compatibles con el sistema de Gobierno de la República.

31. Intervenir en las contratas de colonizaciones que se hagan en el territorio de la República.

32. Arreglar el comercio y procurar la civilización de las tribus indígenas que aún no están comprendidos en la sociedad de la República.

33. Conceder premios honoríficos compatibles con el sistema de Gobierno de la nación.

34. Resolver sobre la formación y admisión de nuevos Estados.

35. Dar reglas para la concesión de cartas de naturaleza.

36. Proteger la libertad establecida en el Artículo 11 y cuidar de que el culto público se mantenga en armonía con las leyes.

37. Emitir todas las leyes y órdenes que conduzcan a la ejecución de las atribuciones anteriores, y el uso de las demás facultades que esta Constitución confiere a los Poderes nacionales en todos sus ramos.

Artículo 84. Cuando las Cámaras fueren convocadas extraordinariamente, solo tratarán de aquellos asuntos que hubieren dado motivo a la convocatoria.

Sección 6. De las facultades exclusivas de la Cámara de Representantes

Artículo 85. Solo a la Cámara de Representantes corresponde:

1. Elegir al Presidente de la República, según las bases dadas en los Artículos 44, 45 y 46, cuando no haya resultado electo popularmente.

2. Nombrar el Senador que ha de ejercer el Ejecutivo a falta del Presidente y Vicepresidente de la República.

3. Nombrar a los magistrados y fiscal de la Corte Suprema de Justicia y admitir sus renuncias fundadas en causas graves bastantemente comprobadas.

4. Declarar cuándo ha lugar a la formación de causa contra el Presidente de la República, Vicepresidente o Senador, si han hechos sus veces, y magistrados de la Suprema Corte en los casos que expresan los Artículos 148 y 149.

5. Iniciar las leyes de contribuciones o impuestos y de admisión o creación de nuevos Estados.

Sección 7. De las facultades exclusivas de la Cámara del Senado

Artículo 86. Únicamente a la Cámara del Senado corresponde:

1. Elegir al Vicepresidente de la República cuando no haya sido electo popularmente, sobre las bases y reglas establecidas en el Artículo 47.

2. Confirmar los nombramientos que haga el Poder Ejecutivo para ministros, diplomáticos y cónsules, comandantes de armas de la Federación, ministros de la Tesorería General y jefes de las rentas generales.

3. Declarar cuándo ha lugar a la formación de causa contra los ministros diplomáticos y cónsules en todo género de delitos; y contra los secretarios del despacho, el comandante de armas de la Federación, los ministros de la Tesorería General y los jefes de las rentas generales por delitos cometidos en el ejercicio de sus funciones, quedando sujetos en todos los demás a los Tribunales comunes.

4. Juzgar, constituyéndose en Tribunal de Justicia, a los individuos a quienes la Cámara de Representantes, en uso de

su atribución 4, Artículo 85, haya declarado haber lugar a la formación de causa.

5. Rever las sentencias de que habla el Artículo 142.

Título V. De la formación y promulgación de la Ley

Sección 1. De la formación de la Ley

Artículo 87. Todo proyecto de ley u orden puede tener origen en cualquiera de las Cámaras; mas solo la de representantes podrá iniciar las de contribuciones o impuestos, admisión o creación de nuevos Estados.

Artículo 88. Los representantes y senadores en su respectiva Cámara, y los secretarios del despacho a nombre del Gobierno en cualquiera de ellas, tienen facultad de proponer los proyectos de ley u orden que juzguen convenientes; pero los senadores y los secretarios del despacho no podrán presentar proyectos o hacer proposición sobre contribuciones o impuestos de ninguna clase.

Artículo 89. Presentado el proyecto por escrito, debe leerse dos veces en días diferentes antes de resolverse si se admite o no a discusión.

Artículo 90. Admitido, deberá pasarse a una Comisión, que lo examinará detenidamente y no podrá presentarlo sino después de tres días. El informe que diere tendrá también dos lecturas en días diversos, y señalado el de su discusión con el intervalo a lo menos de otros tres días, no podrá diferirse más tiempo sin acuerdo de la Cámara en que se trate.

Artículo 91. Discutido y aprobado un proyecto en una Cámara, se pasará a la otra para que, examinándolo en la propia forma, lo apruebe o deseche. Si se aprueba, se pasará al Poder Ejecutivo para que, si no tuviese objeciones que hacerle, lo publique como ley.

Artículo 92. Si el Ejecutivo le encontrase inconvenientes u objeciones, podrá devolverlo dentro de diez días a la Cámara de su origen, puntualizando las razones en que funde su opinión.

Artículo 93. Reconsiderado el proyecto en esta última Cámara, se podrá ratificar por dos tercios de votos; en este caso pasará a la otra Cámara, que tomándolo de nuevo en consideración, lo podrá también ratificar con los mismos dos tercios, pasándolo al Ejecutivo para que lo publique como ley.

Artículo 94. Si un proyecto no fuese admitido a discusión o si en cualquiera de los trámites anteriores fuese reprobado o negada su ratificación por alguna de los Cámaras, no tendrá efecto alguno ni podrá volver a tratarse en ellas sino hasta el año siguiente.

Artículo 95. Cuando reconsideren las Cámaras un proyecto devuelto por el Ejecutivo, sus votaciones para ratificarlo serán nominales.

Artículo 96. La ley sobre formación o admisión de nuevos Estados se hará según lo prevenido en el Título XIII.

Artículo 97. Todo proyecto de ley u orden aprobado en la Cámara de su origen se extenderá por triplicado; se publicará en ella; y firmados los tres ejemplares por su presidente y secretarios, se pasarán a la otra Cámara. Si también ésta lo aprobase, le pondrá la fórmula siguiente: «Al Poder Ejecutivo». Si no lo aprobare, usará de esta otra: «Vuelva a la Cámara de (aquí el nombre de la que fuere)».

Artículo 98. Devuelto un proyecto de ley u orden por el Ejecutivo y ratificado por la Cámara de su origen, usará ésta de la fórmula siguiente: «Pase a la Cámara de (aquí el nombre)». Si también ésta lo ratificase pondrá la que sigue: «Ratificado por el Congreso, pase al Ejecutivo». Si no lo ratificare, esta otra: «Vuelva a la Cámara de (aquí el nombre) por no haber obtenido la ratificación constitucional».

Sección 2. De la promulgación de la Ley

Artículo 99. Recibida por el Ejecutivo una resolución emitida o ratificada por las Cámaras en los casos que expresan los Artículos 91 y 93, deberá, bajo la más estricta responsabilidad, ordenar su cumplimiento; disponer lo necesario a su ejecución; publicarla y circularla entre quince días; pidiendo prórroga a las Cámaras si en algún caso fuese necesario.

Artículo 100. La promulgación se hará en esta forma: «Por cuanto el Congreso de la República ha decretado lo siguiente (aquí el texto literal y firmas). Por tanto, ejecútese».

Título VI

Sección 1. Del Poder Ejecutivo

Artículo 101. El Poder Ejecutivo se ejercerá por un Presidente nombrado por el pueblo de todos los Estados de la Federación.

Artículo 102. En su falta hará sus veces un Vicepresidente nombrado igualmente por el pueblo.

Artículo 103. Para las faltas de uno y otro la Cámara de Representantes, en sus primeras sesiones anuales, nombrará un senador de las calidades que se requieren para Presidente de la república. Si el impedimento no fuere temporal y faltare más de un año para la renovación periódica, las Cámaras dispondrán se proceda a nueva elección, la que deberá hacerse desde las juntas populares hasta su complemento.

Artículo 104. Cuando la falta de que habla el Artículo anterior ocurra no hallándose reunidas las Cámaras, se convocarán extraordinariamente por el senador que ejerza el ejecutivo.

Artículo 105. Para ser Presidente y Vicepresidente se requiere:

1. Naturaleza en la República;
2. Tener treinta años cumplidos,
3. Haber sido siete ciudadano;
4. Ser del estado seglar;
5. Hallarse en actual ejercicio de sus derechos; y
6. Poseer un capital libre de cuatro mil pesos, o tener alguna renta u oficio que produzca cuatrocientos pesos anuales.

Artículo 106. La duración de Presidente y Vicepresidente será por cuatro años y podrán ser reelegidos una vez sin intervalo alguno.

Artículo 107. El Presidente y Vicepresidente de la República no podrán funcionar un día más de los cuatro años que fija el Artículo anterior. El que se elija por sus faltas, solo durará el tiempo necesario para completar este período que comienza y concluye el primero de abril del año de la renovación.

Artículo 108. El Presidente no podrá recibir de ningún estado, autoridad o persona particular emolumentos o dádivas de ninguna especie; ni sus sueldos serán alterados durante su encargo.

Sección 2. De las atribuciones del Poder Ejecutivo
Artículo 109. El poder ejecutivo publicará la ley; cuidará de su observancia y del orden público.

Artículo 110. Propondrá a las Cámaras las aclaraciones y reformas que a su juicio necesiten las leyes para su inteligencia y ejecución.

Artículo 111. Entablará, consultando al senado, las negociaciones y tratados con las potencias extranjeras; le consultará asimismo sobre los negocios que provengan de estas relaciones; pero en ninguno de los dos casos está obligado a conformarse con su dictamen.

Artículo 112. Podrá consultar al senado en los negocios graves del gobierno interior de la República, y en los casos de guerra a insurrección.

Artículo 113. Nombrará los ministros diplomáticos y cónsules, el comandante de las armas de la Federación, los ministros de la Tesorería General y los jefes de las rentas generales, poniendo estos nombramientos en noticia del Senado para su confirmación. Llenará las vacantes que ocurran en estos destinos durante el receso del Senado, y reunido solicitará su aprobación.

Artículo 114. Sin intervención del Senado nombrará los secretarios del despacho y oficiales del ejército, los subalternos de unos y otros y los correspondientes a los empleados expresados en el Artículo anterior.

Artículo 115. Nombrará, a propuesta en terna de la Suprema Corte de Justicia, los jueces que deben componer los tribunales inferiores de que habla el Artículo 83, número 26.

Artículo 116. Cuando por algún grave acontecimiento peligre la salud de la patria y convenga usar de amnistía o indulto, lo propondrá a las cámaras.

Artículo 117. Dirigirá toda la fuerza armada de la Federación; podrá reunir la cívica y la milicia de los estados, y mandar en persona el ejército, con aprobación de las cámaras estando reunidas; y cuando no lo estén, dándoles cuenta en su primera reunión, en cuyo caso recaerá el gobierno en el Vicepresidente. Si por falta del Presidente tomase el mando del ejército el Vicepresidente, ejercerá, entre tanto, el Poder Ejecutivo el senador nombrado por la Cámara de Representantes.

Artículo 118. Podrá usar de la fuerza para repeler invasiones o contener insurrecciones, dando cuenta a las cámaras en su primera reunión.

Artículo 119. Convocará extraordinariamente a las cámaras cuando la República se halle amenazada de invasión o cuando el orden público se encuentre trastornado en parte considerable de ella, y pueda seguírsele grande detrimento, o en cualquier otro caso extraordinario en que, para precaver un grave daño, juzgue necesaria su reunión. Llamará, en tal caso, a los suplentes de los representantes y senadores que hubieren fallecido durante el receso.

Artículo 120. Podrá separar libremente y sin necesidad de instrucción de causa, a los secretarios del despacho, trasladar con arreglo a las leyes, a todos los funcionarios del Poder Ejecutivo o Federal, suspenderlos por seis meses y removerlos con pruebas justificativas de ineptitud, desobediencia o malversación.

Artículo 121. Presentará, por medio de los secretarios del despacho, a cada una de las cámaras al abrir sus sesiones, un detalle circunstanciado del estado de todos los ramos de la administración pública y del ejército y marina, con los proyectos que juzgue más oportunos para su conservación o mejora; y una cuenta exacta de los gastos hechos con el presupuesto de los venideros y medios para cubrirlos.

Artículo 122. Dará a las cámaras los informes que le pidieren; y cuando sean sobre asuntos de reserva, lo expondrá así para que le dispensen de su manifestación, o se la exijan si el caso lo requiere. Mas no estará obligado a manifestar los planes de guerra, ni las negociaciones de alta política pendientes con las potencias extranjeras.

Artículo 123. En caso de que los informes sean necesarios para exigir la responsabilidad al Presidente, no podrán rehusarse por ningún motivo, ni reservarse los documentos después que se le haya declarado haber lugar a formación de causa por la cámara de representantes.

Artículo 124. Expedirá los reglamentos y órdenes que estime convenientes para facilitar y asegurar la ejecución de las leyes.

Artículo 125. Podrá devolver a las cámaras dentro de diez días los proyectos de ley u orden que le pasen aprobados, si a su juicio, tuviere inconvenientes su ejecución, o fuesen perjudiciales, puntualizando las razones en que funde su opinión.

Artículo 126. En casos de guerra podrá conceder patentes de corzo y letras de represalia.

Artículo 127. Cuidará de la administración de las rentas federales y de su legal inversión.

Artículo 128. Concederá o negará el pase a las bulas y breves pontificios cuando traten de asuntos particulares, y si se versaren sobre asuntos generales, dará cuenta con ellos a las cámaras.

Artículo 129. Le corresponde igualmente recibir a los ministros extranjeros y admitir cónsules.

Artículo 130. Podrá conceder cartas de naturaleza a los que tengan los requisitos de la ley.

Artículo 131. No podrá el Presidente, sin licencia de las cámaras, separarse del lugar en que éstas residan; ni salir del territorio de la república hasta seis meses después de concluido su encargo.

Artículo 132. Cuando el presidente sea informado de alguna conspiración o traición a la República y de que la amenaza un próximo riesgo, podrá dar órdenes de arresto e interrogar a los que se presuman reos; pero en el término de tres días los pondrá precisamente a disposición del juez respectivo.

Artículo 133. Comunicará a los ejecutivos de los estados las leyes y disposiciones generales, y les prevendrá lo conveniente en todo cuanto concierne al servicio de la Federación y no estuviere encargado a sus agentes particulares.

Sección 3. De los Secretarios del Despacho

Artículo 134. Las cámaras a propuesta del Poder Ejecutivo, designarán el número de secretarios del despacho; organizarán las secretarías y fijarán los negocios que a cada una corresponden.

Artículo 135. Para ser secretario del despacho se necesita ser:

1. Americano de origen;
2. Ciudadano en el ejercicio de sus derechos; y
3. Mayor de veinticinco años.

Artículo 136. Las órdenes del Poder Ejecutivo se expedirán por medio del secretario del ramo a que correspondan; y las que de otra suerte se expidieren no deben ser obedecidas.

Título VII. De la Suprema Corte de Justicia y de sus atribuciones

Sección 1. De la Suprema Corte de Justicia

Artículo 137. Habrá una Suprema Corte de Justicia que según disponga la ley, se compondrá de cinco a siete individuos; serán nombrados por la Cámara de Representantes; se renovarán por tercios cada dos años, y podrán siempre ser reelegidos. El período de los magistrados y fiscales comienza y concluye el primero de abril del año de su renovación y podrán prorrogarse hasta tres meses más, si no se presentaren los nuevamente electos.

Artículo 138. Para ser individuo de la Suprema Corte se requiere ser:

1. Americano de origen con siete años de residencia no interrumpida e inmediata a la elección;

2. Ciudadano en el ejercicio de sus derechos;

3. Del estado seglar; y

4. Mayor de treinta años.

Artículo 139. En falta de algún individuo de la Suprema Corte hará sus veces uno de tres suplentes, que tendrán las mismas calidades, y serán también nombrados por la Cámara de Representantes.

Artículo 140. La Suprema Corte designará, en su caso, el suplente que deba concurrir.

Sección 2. De las atribuciones de la Suprema Corte de Justicia

Artículo 141. Conocerá, en última instancia con las limitaciones que hiciere el Congreso en los casos emanados de la Constitución, de las leyes generales de los tratados hechos por la República, de jurisdicción marítima y de competencia sobre jurisdicción en controversias de ciudadanos o habitantes de diferentes estados.

Artículo 142. En los casos de contienda en que sea parte toda la República, dos o más estados, con alguno o algunos otros, o con extranjeros o habitantes de la República; la Corte Suprema de Justicia hará nombren árbitros para la primera instancia; conocerá en la segunda; y la sentencia que diere será llevada en revista al Senado, caso de no conformarse las partes con el primero y segundo juicio, y de haber lugar a ella según la ley.

Artículo 143. Conocerá originariamente con arreglo a las leyes en las causas civiles de los ministros diplomáticos y cónsules y en las criminales de todos los funcionarios, en que declara el Senado, según el Artículo 86, facultad 3, haber lugar a formación de causa.

Artículo 144. Propondrá ternas al Poder Ejecutivo para que nombre los jueces que deben componer los tribunales de que habla el Artículo 83, número 26.

Artículo 145. Velará sobre la conducta de los jueces inferiores de la Federación y cuidará de que administren pronta y cumplidamente la justicia.

Título VIII. De la responsabilidad y modo de proceder en las causas de las Supremas Autoridades Federales

Sección única

Artículos 146. Los funcionarios de la Federación, antes de posesionarse de sus destinos, prestarán juramento de ser fieles a la República, y de sostener con toda su autoridad la Constitución y las leyes.

Artículo 147. Todo funcionario que ha lugar a la formación de causa contra los representantes y senadores por: traición, venalidad, falta grave en el desempeño de sus funciones y delitos comunes que merezcan pena más que correccional.

Artículo 148. Deberá declararse que ha lugar a la formación de causa contra los representantes y senadores por traición, venalidad, falta grave en el desempeño de sus funciones y delitos comunes que merezcan pena más que correccional.

Artículo 149. En todos estos casos, y en los de infracción de ley, y usurpación de poder habrá, igualmente, lugar a formación de causa contra el Presidente y Vicepresidente de la república, individuos de la Suprema Corte de Justicia y secretarios del despacho.

Artículo 150. Todo acusado queda suspenso en el acto de declararse que ha lugar a la formación de causa; depuesto siempre que resulte reo; e inhabilitado para todo cargo público, si la causa diere mérito según la ley. En lo demás a que hubiere lugar se sujetarán al orden y tribunales comunes.

Artículo 151. Los delitos mencionados producen acción popular, y las acusaciones de cualquier ciudadano o habitante de la república deben ser atendidas. La acusación se tratará en sesión secreta; pero declarado que ha lugar a la formación de causa, serán públicos los demás actos del juicio. La ley reglamentará el derecho de acusación y designará la pena del calumniador.

Título IX. Disposiciones generales

Sección única

Artículo 152. Solo por los medios constitucionales se asciende al poder supremo de la República y de los estados. Si alguno usurpare el Poder Legislativo o Ejecutivo, por medio de la fuerza o de alguna sedición popular, por el mismo hecho pierde los derechos de ciudadano sin poder ser rehabilitado. Todo lo que obrare será nulo, y las cosas volverán al estado en que se hallaban antes de la usurpación, luego que se restablezca el orden.

Artículo 153. En el caso del Artículo anterior, las autoridades de un estado, violentamente constituidas, serán desconocidas por las autoridades federales, y por los demás estados de la unión, todos los cuales procederán, desde luego, a restablecer en dicho estado el orden constitucional.

Artículo 154. Es nula de derecho toda resolución, acuerdo o decreto de los poderes nacionales y de los estados en que interviniere coacción ocasionada por la fuerza pública o por el pueblo en tumulto.

Artículo 155. La soberanía reside únicamente en la nación; el derecho de insurrección solo compete al pueblo todo de la República, y no a alguna o algunas de sus partes.

Artículo 156. Ninguno debe usurpar el nombre de pueblo soberano usando del derecho de petición, ni arrogarse este título empleando la fuerza, ya sea para resistir el cumplimiento de las leyes o para innovar lo que ellas establecen.

Título X. Garantías de la Libertad Individual

Sección única

Artículo 157. No podrá imponerse pena de muerte sino en los delitos que atenten directamente contra el orden público y en el de asesinato u homicidio premeditado o seguro.

Artículo 158. Todos los ciudadanos y habitantes de la República, sin distinción alguna, estarán sometidos al mismo orden de procedimientos y de juicios que determinen las leyes.

Artículo 159. Las Legislaturas, tan luego como sea posible, establecerán el sistema de jurados.

Artículo 160. Nadie puede ser preso sino en virtud de orden escrita de autoridad competente para darla.

Artículo 161. No podrá librarse esta orden sin que proceda justificación de que se ha cometido un delito que merezca pena más que correccional, y sin que resulte al menos, por el dicho de un testigo quién es el delincuente.

Artículo 162. Pueden ser detenidos:

1. El delincuente cuya fuga se tema con fundamento;

2. El que sea encontrado en el acto de delinquir; y en este caso todos pueden aprehenderle para llevarle al juez.

Artículo 163. La detención de que habla el Artículo anterior no podrá durar más de cuarenta y ocho horas, y durante este término deberá la autoridad que la haya ordenado, practicar lo prevenido en el Artículo 161, y librar por escrito la orden de prisión o poner en libertad al detenido.

Artículo 164. El alcaide no puede recibir ni detener en la cárcel a ninguna persona, sin transcribir en su registro de presos o detenidos la orden de prisión o detención.

Artículo 165. Todo preso debe ser interrogado dentro de cuarenta y ocho horas; y el juez está obligado a decretar la libertad o permanencia en la prisión dentro de las veinticuatro siguientes, según el mérito de lo actuado.

Artículo 166. Puede, sin embargo, imponerse arresto por pena correccional, previas las formalidades que establezca el código de cada estado.

Artículo 167. El arresto por pena correccional no puede pasar de un mes.

Artículo 168. Las personas aprehendidas por la autoridad, no podrán ser llevadas a otros lugares de prisión, detención, o arresto, que a los que estén legal y públicamente destinados al efecto.

Artículo 169. Cuando algún reo no estuviere incomunicado por orden del juez, transcrita en el registro del alcaide, no podrá éste impedir su comunicación con persona alguna.

Artículo 170. Todo el que no estando autorizado por la ley expidiere, firmare, ejecutare o hiciere ejecutar la prisión detención o arresto de alguna persona; todo el que en caso de prisión, detención o arresto autorizado por la ley, condujere, recibiere, o retuviere al reo en lugar que no sea de los señalados pública y legalmente; y todo alcaide que contraviniere a las disposiciones precedentes, es reo de detención arbitraria.

Artículo 171. No podrá ser llevado ni detenido en la cárcel el que diere fianza en los casos en que la ley expresamente no lo prohíba.

Artículo 172. Las legislaturas dispondrán que haya visitas de cárceles para toda clase de presos, detenidos o arrestados.

Artículo 173. Ninguna casa puede ser registrada sino por mandato escrito de autoridad competente, dado en virtud de dos disposiciones formales que presten motivo al allanamiento, el cual deberá efectuarse de día. También podrá registrarse a toda hora por un agente de la autoridad pública:

1. En persecución actual de un delincuente.

2. Por un desorden escandaloso que exija pronto remedio.

3. Por reclamación hecha del interior de la casa.

Mas hecho el registro se comprobará con dos deposiciones que se hizo por alguno de los motivos indicados.

Artículo 174. Solo en los delitos de traición se pueden ocupar los papeles de los habitantes de la República; y únicamente podrá practicarse su examen cuando sea indispensable para la averiguación de la verdad, y a presencia del interesado, devolviéndosele en el acto cuantos no tengan relación con lo que se indaga.

Artículo 175. Es inviolable el secreto de las cartas, y las que se sustraigan de las oficinas de correos o de sus conductores no producen efecto legal ni pueden presentarse en testimonio contra ninguno.

Artículo 176. La policía de seguridad no podrá ser confiada sino a las autoridades civiles en la forma que la ley determine.

Artículo 177. Ningún juicio civil o sobre injurias podrá entablarse sin hacer constar que se ha intentado antes el medio de conciliación.

Artículo 178. La facultad de nombrar árbitros en cualquier estado del pleito es inherente a toda persona; la sentencia que los árbitros dieren es inapelable, si las partes comprometidas no se reservaren este derecho.

Artículo 179. Unos mismos jueces no pueden serlo en dos diversas instancias.

Artículo 180. Ninguna ley del Congreso ni de las Legislaturas de los Estados pueden contrariar las garantías contenidas en este Título; pero sí ampliarlas y dar otras nuevas.

Título XI. Limitación del Poder Público

Sección única

Artículo 181. No podrán el Congreso, las Legislaturas de los estados, ni las demás autoridades:

1. Coartar, en ningún caso ni por pretexto alguno, la libertad del pensamiento, la de la palabra, la de la escritura y la de la imprenta.

2. Suspender el derecho de peticiones de palabra o por escrito.

3. Prohibir a los ciudadanos o habitantes de la República libres de responsabilidad, la emigración a país extranjero.

4. Tomar la propiedad de ninguna persona, ni turbarle en el libre uso de sus bienes, si no es en favor del público, cuan-

do lo exija una grave urgencia legalmente comprobada, y garantizándose la justa indemnización.

5. Establecer vinculaciones; dar títulos de nobleza; ni pensiones, condecoraciones o distintivos, que sean hereditarios; ni consentir sean admitidos por ciudadanos de Centroamérica los que otras naciones pudieran concederles.

6. Permitir el uso del tormento y apremios, imponer confiscaciones, de bienes, azotes y penas crueles.

7. Conceder por tiempo ilimitado privilegios exclusivos a compañías de comercio o corporaciones industriales.

8. Dar leyes de proscripción, retroactivas y ni que hagan trascendental la infamia.

Artículo 182. No podrán, sino en caso de tumulto, rebelión o ataque con fuerza armada a las autoridades constituidas:

1. Desarmar a ninguna población ni despojar a persona alguna de cualquier clase de armas que tenga en su casa, o de las que lleve lícitamente.

2. Impedir las reuniones populares que tengan por objeto un placer honesto o discutir sobre política, y examinar la conducta pública de los funcionarios.

3. Dispensar las formalidades sagradas de la ley para allanar la casa de algún ciudadano o habitante, registrar su correspondencia privada, reducirlo a prisión, o detenerlo.

4. Formar comisiones o tribunales especiales para conocer en determinados delitos o para alguna clase de ciudadanos o habitantes.

Título XII. Disposiciones generales sobre los Estados

Sección 1. Facultad de los Estados

Artículo 183. Los estados podrán constituirse como tengan por conveniente, pero de manera que sus instituciones guarden armonía con las de la nación.

Sección 2. Deberes de los Estados

Artículo 184. Los estados deben entregarse mutuamente los reos que se reclamaren.

Artículo 185. Los actos legales y jurídicos de un estado serán reconocidos en todos los demás.

Artículo 186. En caso de que alguna autoridad constituida de un estado reclame que la Legislatura de otro estado ha traspasado en daño suyo los límites constitucionales, las cámaras, reunidas en asamblea general, tomarán los informes convenientes, y decidirán lo que les parezca arreglado.

Artículo 187. Los estados no podrán, sin consentimiento del Congreso:

1. Imponer contribuciones de entrada y salida en el comercio con los extranjeros ni en el de los estados entre sí.

2. Crear fuerza de línea o permanente.

Artículo 188. Pueden ser elegidos para individuos de los poderes nacionales o de cada uno de los estados; los ciudadanos hábiles de los otros; pero no son obligados a admitir estos oficios.

Artículo 189. Esta Constitución y las leyes federales que se hagan en virtud de ella; y todos los tratados, hechos que se hicieren bajo la autoridad federal, serán la suprema ley de la República, y los jueces, en cada uno de los estados, están obligados a determinar por ellas, no obstante cualesquiera leyes, decretos órdenes que haya en contrario en cualquiera de los estados.

Título XIII. De la formación y admisión de nuevos Estados

Sección única

Artículo 190. Podrán formarse en lo sucesivo nuevos estados y admitirse en la Federación.

Artículo 191. No podrá formarse nuevo estado en el interior de otro estado. Tampoco podrá formarse por la unión de dos o más estados o partes de ellas, si no estuviere en contacto, y sin el consentimiento de las Legislaturas respectivas.

Artículo 192. Todo proyecto de ley sobre formación de nuevo estado debe ser propuesto a la Cámara de Representantes por la mayoría de los diputados de los pueblos que han de formarlo, y apoyado en los precisos datos de tener una población de cien mil o más habitantes, y de que el estado de que se separa queda con igual población y en capacidad de subsistir.

Título XIV. De las reformas de esta Constitución

Sección única

Artículo 193. Para poder discutir un proyecto en que se reforme o adicione esta Constitución, debe presentarse firmado, al menos, por seis diputados en la Cámara de Representantes que exclusivamente puede acordarlos o ser propuesto por alguna Legislatura de los estados.

Artículo 194. Los proyectos que se presenten en esta forma, si no fueren admitidos a discusión, no podrán volver a proponerse sino hasta el año siguiente.

Artículo 195. Los que fueren admitidos a discusión, puestos en estado de votarse, necesitan para ser acordados las dos terceras partes de votos.

Artículo 196. Acordada la reforma o adición debe, para ser válida y tenida por constitucional, aceptarse por la mayoría absoluta de los estados con las dos terceras partes de la votación de sus Legislaturas.

Artículo 197. Cuando la reforma o adición se versare sobre algún punto que altere en lo esencial la forma de gobierno adoptada, la Cámara de Representantes, después de la aceptación de los estados, convocará una Asamblea Nacional Constituyente para que definitivamente resuelva.

Artículo 198. Aceptada por la mayoría de los estados la presente reforma, será la única constitutiva de la República; el Congreso la mandará publicar solemnemente, quedando derogada la que decretó la Asamblea Nacional Constituyente en 22 de noviembre de 1824.

Pase a las Asambleas para que, en cumplimiento del Artículo 202 de la Constitución actual, la tomen en consideración y la devuelvan al Congreso.

Dada en San Salvador, a 13 de febrero de 1835.

Juan Barrundia, Diputado Presidente. José Antonio Jiménez, Presidente. Manuel Rodríguez. Nicolás Espinosa. Mariano Gálvez. Patricio Rivas. Nazario Toledo. José María Álvarez. Ramón García. Manuel María Figueroa. Bernardo Rueda. Silverio Rodríguez. José Antonio Alvarado. Felipe Herrera. Venancio Castellanos. Pablo Rodríguez. José María Guardado. Toribio Lara. Manuel Barberena. José León

Taboada. Mariano Ramires. José Valido, Diputado Secretario. Luis Leiva, Diputado Secretario. Florentín Zúñiga, Diputado Secretario. Francisco Álvarez, Diputado Secretario.

Libros a la carta

A la carta es un servicio especializado para
empresas,
librerías,
bibliotecas,
editoriales
y centros de enseñanza;
y permite confeccionar libros que, por su formato y concepción, sirven a los propósitos más específicos de estas instituciones.

Las empresas nos encargan ediciones personalizadas para marketing editorial o para regalos institucionales. Y los interesados solicitan, a título personal, ediciones antiguas, o no disponibles en el mercado; y las acompañan con notas y comentarios críticos.

Las ediciones tienen como apoyo un libro de estilo con todo tipo de referencias sobre los criterios de tratamiento tipográfico aplicados a nuestros libros que puede ser consultado en Linkgua-ediciones.com.

Linkgua edita por encargo diferentes versiones de una misma obra con distintos tratamientos ortotipográficos (actualizaciones de carácter divulgativo de un clásico, o versiones estrictamente fieles a la edición original de referencia).

Este servicio de ediciones a la carta le permitirá, si usted se dedica a la enseñanza, tener una forma de hacer pública su interpretación de un texto y, sobre una versión digitalizada «base», usted podrá introducir interpretaciones del texto fuente. Es un tópico que los profesores denuncien en clase los desmanes de una edición, o vayan comentando errores de interpretación de un texto y esta es una solución útil a esa necesidad del mundo académico.

Asimismo publicamos de manera sistemática, en un mismo catálogo, tesis doctorales y actas de congresos académicos, que son distribuidas a través de nuestra Web.

El servicio de «libros a la carta» funciona de dos formas.

1. Tenemos un fondo de libros digitalizados que usted puede personalizar en tiradas de al menos cinco ejemplares. Estas personalizaciones pueden ser de todo tipo: añadir notas de clase para uso de un grupo de estudiantes, introducir logos corporativos para uso con fines de marketing empresarial, etc. etc.

2. Buscamos libros descatalogados de otras editoriales y los reeditamos en tiradas cortas a petición de un cliente.

www.ingramcontent.com/pod-product-compliance
Lightning Source LLC
Chambersburg PA
CBHW021933170626
46807CB00007B/3085